工商管理本科系列教学辅导书

# 管理学学习指导书 （第三版）

## 王德中 \ 著

西南财经大学出版社
Southwestern University of Finance & Economics Press
中国·成都

图书在版编目(CIP)数据

管理学学习指导书/ 王德中著 . —3 版 . —成都:西南财经大学出版社,
2016. 10
ISBN 978 – 7 – 5504 – 2675 – 7

Ⅰ.①管…　Ⅱ.①王…　Ⅲ.①管理学—高等学校—教学参考资料　Ⅳ. C93

中国版本图书馆 CIP 数据核字(2016)第 240344 号

**管理学学习指导书(第三版)**

王德中　著

责任编辑:高玲
封面设计:何东琳设计工作室
责任印制:封俊川

| | |
|---|---|
| 出版发行 | 西南财经大学出版社(四川省成都市光华村街55号) |
| 网　　址 | http://www. bookcj. com |
| 电子邮件 | bookcj@ foxmail. com |
| 邮政编码 | 610074 |
| 电　　话 | 028 – 87353785　87352368 |
| 照　　排 | 四川胜翔数码印务设计有限公司 |
| 印　　刷 | 郫县犀浦印刷厂 |
| 成品尺寸 | 170mm × 240mm |
| 印　　张 | 11 |
| 字　　数 | 210 千字 |
| 版　　次 | 2016 年 10 月第 3 版 |
| 印　　次 | 2016 年 10 月第 1 次印刷 |
| 印　　数 | 1—2000 册 |
| 书　　号 | ISBN 978 – 7 – 5504 – 2675 – 7 |
| 定　　价 | 19. 80 元 |

# 第三版前言

　　本书是为了帮助读者学习西南财经大学出版社出版的《管理学》教材编写的，初版在 2006 年，第二版在 2008 年。这次修订得出的第三版是为学习《管理学》教材第六版服务的。

　　此次修订，基本上保持了前两版的结构和写作体例，只是在每章增添了"本章内容指点"部分，介绍该章的写作意图、内容安排、思维逻辑、突出特点等，以增强对读者学习的指导作用。在这部分之后，立即列举出本章的基本知识点，再说明学习的目的要求，以分清基本知识点的主次轻重，便于学生掌握重点，照顾一般。

　　希望本书能帮助读者更好地理解和掌握《管理学》教材第六版的内容，并能联系实际加以运用。希望读者在利用本书各章的练习题检查学习效果时，不要先去看后面的参考答案要点，而要独立思考，自行练习，再与参考答案要点核对。

　　请本书的读者及时地将阅读中发现的问题反馈给我们，以便日后修订时予以改正。对此，谨向读者们由衷致谢。

作　者

2016 年 8 月

# 目录

*1*

## 上篇　总论篇

### 第一章　概论

## 第二章　管理理论的形成与发展

## 第三章　组织的环境

## 第四章　组织文化

## 第五章　组织的决策

# 下篇　职能篇

## 第六章　计划

## 第七章　组织

4

## 第十一章　协调

## 第十二章　创新

## 结束语　未来管理的展望

綜合練習題

各章練習題參考答案要點

6

綜合練習題參考答案要點

# 绪 论

本书是为指导《管理学》教材的学习而编写的。在开始学习本书时，有必要先了解有关管理学教材的下列三个问题：

## ▌一、学科简况

人类的管理活动历史悠久，而管理学却是一门比较年轻的学科。直到 20 世纪初，欧美几个国家方才出现管理理论。不过，此后西方管理理论的发展相当迅速，到 20 世纪 50 年代，管理学科即已初步形成。随着第二次世界大战之后各类社会组织内外环境的巨大变化和管理活动的不断创新，西方的管理理论有了很大的发展，出现了许多管理学派。管理学的内容也日益丰富、日益成熟起来。

管理学是一门系统地研究管理过程的普遍规律、基本原理和一般方法的学科。各类社会组织（如工商企业、学校、医院、政府机关、群众团体等）都需要进行管理活动，其管理过程都有一定的客观规律性。从丰富的管理实践活动中概括出来的普遍规律，以及反映规律的基本原理和一般方法等，就构成了管理学的内容。管理学的内容适用于各类社会组织，不过由于管理在工商企业中比在其他组织中发展得更为充分、完备和系统，所以在学科内容上仍比较侧重于工商企业。

当前，管理学科的门类很多，应该经过整合构成学科体系。其中，集中研究适用于各类社会组织的普遍规律、基本原理和一般方法的管理学，就是这个体系的基础。在它之上，才建立按社会组织类别划分的第二层次的管理学科，如企业管理学、学校管理学、医院管理学、行政机关管理学等。然后再按组织类型或管理专业建立比较专门的第三层次管理学科，更紧密地结合并满足各类型组织或各项业务活动的特殊需要。因此，学习管理一般应从管理学这一基础学科开始。

现在欧美各国的经济类、管理类院校普遍开设管理学课程。我国高校从 20 世纪 80 年代末、90 年代初先后引进这门课程，作为一门先行的专业基础课

1

在经济类、管理类各专业开设，为学生日后学习其他管理学科打下坚实基础。

## 二、教材结构

目前，国内外的管理学教材已有很多。本书为之服务的教材是由西南财经大学出版社于 2015 年 11 月出版的《管理学》（第六版）。这本教材是由包括本人在内的几位作者根据多年教学实践经验、吸收国内外学术研究成果而写成的。经过几次修订后，该教材已在内容上得到了大量充实和完善。

本教材的突出特点是力图贯彻理论联系实际的原则，立足于我国实际，继承我国古代优秀的管理思想，反映我国丰富的管理经验，为提高我国各类组织的管理水平服务，为我国社会主义现代化建设服务，为建设中国特色的管理学服务。与此同时，又有分析地引进西方国家有代表性的管理理论和方法，供我们参考和借鉴。教材文字力求简练，通俗易懂，利于自学。

本教材的结构包含三部分，即上、下两篇和结束语。

上篇为总论篇，介绍有关组织和管理的总体基础知识，下设五章。第一章概论，阐明管理和管理学的一些基本问题，对全教材起统率作用。第二章为管理理论的形成和发展，先介绍西方管理理论形成和发展过程及主要的管理理论，然后介绍我国的管理思想和管理学的建设。第三章为组织的环境，说明组织内外环境及其对管理的影响，以及组织的社会责任和管理伦理。第四章为组织文化，突出文化在组织管理中的重要地位、作用以及其塑造和落实过程。第五章为组织的决策，讨论决策的含义、分类、程序、原则、方法等问题。

下篇为职能篇，是根据作者对管理职能的理解来安排的。由于理解管理有七种职能，所以设置七章，每种职能一章。其顺序也按照作者对职能作简要解释时的次序。

结束语是对未来管理的展望。预测是困难的，这里只是根据 20 世纪后半叶世界经济和社会科技环境的发展变化以及最新的管理理论，对 21 世纪前期管理可能出现的趋势作一些粗略估计，供讨论和验证。

## 三、学习方法

学习管理学，必须以马克思主义的辩证唯物论和历史唯物论为指导，坚持理论联系实际的方法。管理学是一门实践性很强的应用科学，学习的目的又在于应用于管理实践。因此，在学习管理学的过程中，就必须紧密联系实际去理解、去运用。

联系实际去理解管理学的内容，是最低要求。管理学各章都提出了概念

（含义）、性质（特征）、原理原则、程序（步骤）、方法等内容，举出从管理实践中总结出来的许多观点和建议。这就希望学生能结合自己直接或间接了解到的实际情况去思考，看看管理学所讲述的内容是否真有道理，在实践中有何意义或经验教训，是否能用自己的语言加以阐述或剖析，这样才能领会深刻，真正掌握。

联系实际去运用管理学的内容，是较高的要求。在教学上，可以采用案例教学法、调查研究、诊断学习、边学习边实践等形式来提高学生应用所学理论去发现、分析和解决实际管理问题的能力，帮助学生真正将管理理论学到手，同时也对现有理论进行检验，或丰富和发展理论。

案例教学法是美国哈佛大学首创，现已被世界各国的大学普遍采用的一种教学方法。其程序是，首先由教师或专职机构组织力量根据某个人、某个组织或某件事的真实情况写成若干案例，然后教师在教学时选择案例，启发学生去发现、分析和解决案例内含的实际问题，要求学生写出书面报告，并组织案例讨论，教师可做也可不做总结。采用此法，可以就在学校锻炼学生运用所学理论去分析和解决实际问题，还可训练学生的思维能力和表达能力。实践证明，此法特别适用于管理学科的教学。

调查研究采用参观访问或实习的形式，借此既可验证和丰富所学理论，又可为调研对象分析和解决管理中的问题提出建议。

诊断实习与上述调查研究相似，其特点是应调研对象的邀请来进行，所需时间可能较长，对培养和锻炼学生实际工作能力的作用更大。

边学习边实践是指一些组织的管理者参加不脱产的学习，在学习管理学时，可以将所学理论知识运用于所在组织的实践。这不但可以检验和丰富所学理论，而且在运用得当时还能提高组织的效益。

上述多种理论联系实际的学习方法，可根据具体情况选择采用或结合运用。我们希望本书的读者能勤于学习，善于学习，将管理学教材的主要内容理解深透，融会贯通。

# 上篇　总论篇

# 第 一 章
# 概　　论

## 一、本章内容指点

　　本章主要讨论在开始学习管理学时首先需要明确的两个基本问题，即什么是管理和管理学。根据马克思主义认识论原理，管理学来自管理活动实践，接受管理实践的检验，经过检验证明是正确的管理学知识反过来又可以指导管理实践。因此，本章先讨论管理，然后讨论管理学。

　　在讨论管理的部分，首先是管理活动的由来，即管理产生和发展的过程。管理活动的产生可追溯到原始社会，在人们群居的生产和生活共同体内部就自然地产生了管理活动。在后来的社会发展过程中，在政治、经济、文化、社会、军事等各方面，管理活动有了很大的发展。管理乃是人们从事社会活动的必然产物，又是这些社会活动赖以进行的必要条件。

　　在综合国内外几家意见后，给出了管理活动的概念，并结合我国企业实际，强调了管理的重要作用。对管理的作用，希望读者能联系自己了解的实际情况，敞开思想，深入领会，高度重视。接着，探讨了管理的职能（工作内容）和性质。关于管理的性质，各家的分析不一，但马克思阐明的管理二重性原理具有经典意义，至今仍富有现实的指导意义，值得认真学习和运用。

　　在讨论管理学的部分，首先是说明其研究对象包括生产力、生产关系和上层建筑三个方面（这与过去有人认为只限于生产关系和上层建筑有所不同），从而决定了其性质是一门介于自然科学和社会科学之间的边缘学科，又是一门应用学科。接着讨论了管理既是科学又是艺术的著名原理，这个原理对管理实践有着极为重要的指导意义。

　　本章几个主要的理论和观点是：管理学理论和管理活动实践的关系；管理是社会活动的必然产物，又是社会活动的必要条件；管理二重性原理；管理既是科学又是艺术的原理。

## 二、基本知识勾勒

　　管理的概念

7

管理的职能

管理的性质

管理学的研究对象

管理学的性质

管理既是科学又是艺术

## 三、学习目的要求

学习本章的目的要求是：

了解：管理实践和管理理论的关系。

理解：管理的概念；管理的职能；管理学的研究对象。

掌握：管理二重性原理；管理学的性质；管理既是科学又是艺术。

运用：联系实际来分析论证管理对一切社会组织的重要作用，管理的二重性，管理既是科学又是艺术。

## 四、重点难点解析

### （一）管理的概念

管理是人们长期从事的各类社会活动的必然产物，又是各类社会活动赖以进行的必要条件。其概念可表述为：管理是在社会组织中，通过执行计划、组织、领导、控制等职能，有效地获取、分配和利用各类资源，以实现组织预定目标的活动过程。

这一表述隐含着下列几个观点：

（1）管理是社会组织的活动，其目的是实现组织的预定目标。

（2）管理的工作（即其职能）有计划、组织、领导、控制等，这里仅举主要几种。

（3）"有效地获取、分配和利用各类资源"，正是各社会组织所从事的业务活动。这些业务活动就是管理工作的对象，做好管理工作，才能有效进行业务活动，利用各种资源，实现组织目标。

（4）管理活动是一个过程。几项工作相互衔接，构成循环，循环不息，把工作推向前进。

### （二）管理的作用

社会组织通过加强管理，才能顺利进行其业务活动，充分利用其各类资源，获取尽可能好的效益，实现组织的预期目标。（对此可联系自己所了解的

社会组织实际情况来理解，并使之具体化）

### （三）管理的职能

管理的职能是指管理应包括的工作内容。最早研究此问题的学者是法国的法约尔，他提出管理有五项职能：计划、组织、指挥、协调和控制。后来，国内外学者对管理职能的划分有许多说法，但只是繁简不同，并无多大实质性的差异。

本教材综合各家观点，将管理的职能划分为七种：计划、组织、人事、领导、控制、协调、创新。它们之间的关系是：计划、组织、人事、领导和控制五项职能构成管理过程（循环）；在此过程中，每项职能的行使都需要运用协调职能，化解内外各种矛盾；此外，每项职能还需要同创新职能相结合，促进组织不断创新，始终保持旺盛的生命力。

### （四）管理的性质

对管理性质的最精辟的分析首推马克思在《资本论》中提出的管理二重性原理，这是本章的一个难点。为掌握此原理，需要划分几个层次来理解。

第一层次：资本主义企业管理具有二重性。

理解此问题的关键是，生产过程是生产力和生产关系的统一体，所以管理的性质也应从生产力和生产关系两个方面去考察。从生产力方面看，管理执行合理组织生产力的基本职能，这是指挥生产的一般要求，从而形成其自然属性，这个属性主要决定于生产力发展水平，而与生产关系和社会制度的性质无关。从生产关系方面看，管理执行维护生产关系的基本职能，它表现生产过程的特殊历史形态，从而形成其社会属性，这个属性则决定于生产关系和社会制度的性质。

资本主义企业管理的性质是二重的，既有自然属性，又有社会属性，而其社会属性集中表现为剥削性。马克思《资本论》发表以来的一百多年间，资本主义国家及其企业确实已经发生了许多变化，但是我们认为这些变化并未从本质上改变资本主义企业管理的剥削性，马克思论证的资本主义企业管理二重性原理仍然是正确的。

第二层次：社会主义公有制企业的管理仍然具有二重性。

社会主义公有制企业生产过程仍然是生产力和生产关系的统一体。其管理的自然属性还是表现为合理组织生产力，同资本主义企业管理的自然属性没有多大差别。其管理的社会属性则由于生产资料所有制的改变而与资本主义企业管理完全不同，资本剥削劳动的性质消灭了，而代之以维护和加强集体劳动条件、正确处理人们在生产过程中的相互关系的性质。

第三层次：企业管理二重性的原理可以推广应用于一切社会组织的管理。

一切社会组织的管理都有其自然属性，它产生于集体劳动过程本身，"就像一个乐队要有一个指挥一样"，这是不同社会制度下管理的"共性"。一切社会组织的管理又都有其社会属性，它是由社会生产关系决定的，这是不同社会制度下管理的"个性"。

第四层次：马克思的管理二重性原理对于指导管理实践和发展管理科学具有重要意义。

管理二重性原理使我们分清不同社会制度下管理的"共性"和"个性"，从而正确对待资本主义国家的管理理论、经验、技术和方法，既不全盘否定，又不全盘照搬。我们应有分析地学习其中反映社会化大生产要求且适合我国情况的部分，拒绝那些反映资本主义管理剥削本质的部分，并且同总结我国自己的管理经验相结合，提高我国各类组织的管理水平，建立中国特色的管理学。

### （五）管理学的研究对象

管理学是系统地研究管理知识、指导人们做好管理工作的一门科学，是管理实践活动在理论上的概括和反映，是管理工作经验的科学总结。

管理学的研究对象是适用于各类社会组织的管理原理和一般方法，是存在于共同管理工作中的客观规律性。就其内容而言，包括生产力、生产关系和上层建筑三个方面，这三方面又是密切结合、不可割裂或偏废的。

### （六）管理学的性质

由于管理学研究的内容包含生产力、生产关系和上层建筑三个方面，它必然同许多学科，如经济科学、技术科学、数学、心理学、计算机科学等，发生紧密联系，要吸收和运用许多学科的研究成果，所以它的性质是介于自然科学和社会科学之间的边缘科学。此外，管理学的实践性很强，属于应用科学而非理论科学。

### （七）管理既是科学，又是艺术

前已提及，管理工作有其客观规律性。人们通过长期实践和经验积累，探索到这些规律性，按照其要求建立一定的理论、原则、形式和方法，形成了管理学这门科学。但是，管理工作很复杂，影响它的因素很多，管理学只是探索管理的一般规律，提出一般性的理论、原则、方法等，而这些理论、原则、方法等的运用，则要求管理者从实际情况出发，具体情况具体分析，发挥各自的创造性，灵活机动地处理问题。从这个意义上说，管理又是一门艺术。

科学与艺术并不相互排斥，而是相互补充的，因为一切最富有成效的艺术总是以它所依据的科学为基础的，无论是治疗疾病、设计桥梁还是管理公司，都是如此。

管理学同数学、物理学等"精确的"科学相比，只是一门"不精确的"

*10*

科学，这是由社会组织、社会现象极为复杂多变的特点所决定的。

## 五、练习题汇

从现在起，我们将为每章列举出六种练习题：单项选择题、多项选择题（以上为客观性试题），判断分析题、简答题、论述题、案例分析题（以上为主观性试题），个别章还列出计算题。

单项选择题有 4 个备选答案，其中只有 1 个是正确答案；多项选择题有 5 个备选答案，其中 2~5 个是正确答案。选择题并非简单题，它需要在对原理或方法的理解基础上来做出选择，有时需要简单分析或计算，有时还需要综合分析。

判断分析题除了辨别正确或错误外，还需简述理由，但不要阐述过多。回答简答题，要把要点答全，不需要详细论述。论述题要求比较全面地分析阐述，该类型的题一般都是针对需要掌握或运用的重大问题。案例分析题一般列出要求分析、解决的问题，需要运用所学的管理理论知识去剖析，提出解决问题的建议。

（以上说明，以后各章不再重述）

### （一）单项选择题

1. 管理的自然属性主要决定于（　　　　）。
   A. 生产力发展水平　　　　　B. 生产关系的性质
   C. 国家的经济体制　　　　　D. 组织成员的价值观
2. 管理学的性质是一门（　　　　）。
   A. 经济科学　　　　　　　　B. 社会科学
   C. 自然科学　　　　　　　　D. 边缘科学

### （二）多项选择题

1. 管理的主要职能包括（　　　　）。
   A. 计划　　　　　　　　　　B. 组织
   C. 领导　　　　　　　　　　D. 决策
   E. 控制
2. 管理学的研究对象包括（　　　　）。
   A. 充分利用各类资源，发展生产力
   B. 正确处理人们在生产过程中的相互关系
   C. 研究组织的管理体制和规章制度
   D. 研究组织文化和思想政治工作

E. 搞好科技工作，发展科学技术

**（三）判断分析题**

1. 管理并非一切社会组织所必需的活动。

2. 管理学是一门不精确的科学。

**（四）简答题**

1. 管理理论同管理实践是什么关系？

2. 为什么说管理学是一门应用学科？

**（五）论述题**

1. 为什么说"管理的性质是二重的"？掌握管理二重性原理有什么实际意义？

2. 管理是一门科学，还是一种艺术？

**（六）案例分析题**

**案例 1：管理活动及其重要性**

以下是法国矿冶工程师法约尔 1900 年 6 月 23 日在国际采矿和冶金大会闭幕会上的演说的一部分。

"先生们，我强调技术这一词是因为事实上在这次大会上宣读的论文在性质上几乎尽是有关技术问题的。我们没有听到有关供销、财务和管理责任等方面的响应，但是这次大会的成员中有不少在这三方面是特别突出的。这无疑是一件遗憾的事情……

"现在我必须谈谈管理问题。这是我想引起你们注意的问题，因为在我看来，我们工作中在技术方面行之有效的互相学习同样可以应用在管理方面。

"一个企业的技术和供销的活动是有明确规定的，而管理活动却不是这样。很少人熟悉管理的结构和力量，我们意识不到它怎样工作，看不到它在建造还是在铸造，在买还是在卖。然而我们都知道，如果管理不当，事业就处于失败的危险中。

"管理活动有很多责任。它必须预见并做好准备去应付创办和经营公司的财务、供销和技术的状况；它要处理有关职工的组织、选拔和管理方面的工作；它是事业的各个部分同外界沟通联络的手段；等等。尽管列举的这些是不完全的，但它们却向我们指出了管理活动重要性的思想。就管理干部这一项，在大多数情况下会成为企业最主要的活动。因为大家都知道，一家公司即使有完善的机器设备和制造过程，如果由一批效率低下的干部去经营，还是注定要失败的。"

分析问题：

1. 听众中的矿冶工程师们对法约尔的演说可能有些什么反应？

2. 法约尔在演说中对管理职能的解释同他后来提出的管理职能，有什么不同？

3. 你赞同法约尔对管理活动重要性的论述吗？

### 案例2：经理培训规划

某公司总经理雷先生想要其培训部主任胡克光拟定一份培训中层管理者的规划。他对胡说："我们每年都花费很多钱派若干中层管理者到全国各地参加培训。我认为管理是我们的重要资源，管理人员的培训也很重要。不过，我们或许可以在公司实施自己的培训规划，以节约一些费用。在确定我们的培训科目后，可以由公司的几名高级管理者和聘请的教授来授课。"

胡说："这个主意不错，或许我们能节省相当一笔费用。"

雷问："你认为我们应该如何着手呢？"

胡匆匆考虑了一会儿说："我可以先参阅一些现有的中层管理者培训规划，然后修改一下以适合我们的特殊需要。"

雷说："那是个好办法。研究一下，下周向我报告。"

在一周中，胡克光花了大量时间阅读有关的经理培训规划，发现培训内容各有不同，但有些科目似乎在多数规划中都有。比如计划和组织工作的科目就受到很大的重视；在规划中也常常列入沟通联络、激励、控制等科目。有些规划特别重视销售、生产、财务、人事等方面的内容。胡不知向雷先生推荐些什么才好。后来，他决定提出两种不同的中层管理者培训规划：一个规划集中了他认为的管理的一般职能，诸如组织理论、计划工作、沟通联络、激励等；另一规划则突出管理的专业化领域，如销售管理、生产管理、财务管理等。他想在雷先生召见时推荐这两个规划，希望雷先生感到高兴并做出决策。

分析问题：

1. 你认为雷先生会满意这个建议吗？

2. 你同意胡对培训科目的分类吗？假如你是雷，会选择哪个规划？

3. 对于目前的培训问题，还应当考虑一些什么条件，采取什么措施？

# 第 二 章
# 管理理论的形成与发展

## 一、本章内容指点

　　本章主要介绍西方管理理论的形成与发展，这是因为管理理论首先形成于西方，而且在西方获得了快速而蓬勃的发展；与此同时，也将讨论我国管理学的建设问题。

　　西方国家的管理活动历史悠久，可惜长期对管理研究不重视，管理思想的积累很缓慢。到了18世纪英国开始产业革命、出现工厂制度之后，才有学者系统地研究管理问题。到了20世纪初，社会经济的发展出现了对管理理论的强烈需求（为了提高企业管理水平），又为管理理论积累了必要的条件，于是在美、法、德三国由两位实际工作者和一位理论工作者分别创立了管理理论，后人将它们合称为古典管理理论。三种理论各具特色，但因有共同的社会经济历史背景，适应了共同的社会发展需要，在对待工人和组织的看法上大体一致，这些看法被视为古典管理理论的特征。古典管理理论受到历史的局限，有许多不足之处，但对后续的管理理论产生了深远的影响，有些原理至今仍然适用。

　　到了20世纪30年代，美国出现了人际关系理论，这是早期的行为科学理论，弥补了古典管理理论的部分不足。在第二次世界大战结束后，由于社会经济条件又发生了巨大变化，新鲜的管理理论纷纷出现，形成了"理论的丛林"（管理学家孔茨语），人们将这些新理论合称为现代管理理论。对现代管理理论的划分，看法不一，我们在这里划分为六种理论，分别介绍。现代管理理论的一些基本观点非常值得我们参考和借鉴。

　　在介绍了西方管理理论的形成和发展之后，本章提出了我国管理学的建设问题，国内已有众多专家学者在这方面努力，并取得了可喜的成果。这里首先简介我国古代的管理思想，以及新中国成立前后的管理实践和管理思想；然后提出建设我国管理学的三点基本要求：一是指导思想，二是建设途径，三是建设主体。我们对管理学的建设有充分的期待和信心。

## 二、基本知识勾勒

亚当·斯密和查尔斯·巴贝奇的管理思想
古典管理理论形成的历史背景
科学管理理论
古典组织理论
行政组织理论
古典管理理论的特征
行为科学理论
现代管理理论产生的历史背景
系统学派管理理论
决策学派管理理论
经验学派管理理论
权变学派管理理论
管理科学学派管理理论
组织文化学派管理理论
现代管理理论的突出观点
建设中国管理学已有的基础条件
建设中国管理学的基本要求

## 三、学习目的要求

学习本章的目的要求是：

了解：西方早期的管理思想，古典管理理论的形成背景，现代管理理论产生的历史背景。

理解：西方各学派管理理论的要点，建设中国管理学已有的基础条件。

掌握：古典管理理论的共同特征，现代管理理论的突出观点，建设中国管理学的基本要求。

运用：对古典管理理论做出评价；对经验学派、权变学派、管理科学学派、组织文化学派的管理理论做出评价；系统观点、权变观点的运用。

# 四、重点难点解析

## (一) 亚当·斯密、查尔斯·巴贝奇的管理思想

亚当·斯密是 18 世纪英国资产阶级古典政治经济学的奠基人，是自由竞争的资本主义的鼓吹者。他的管理思想主要是宣传劳动分工的优越性，提出分工能大幅提高生产率，富国裕民，并使工厂制度具有经济合理性。他的另一管理思想是"人"都是追求个人经济利益的"经济人"，社会利益以个人利益为基础。

查尔斯·巴贝奇是 19 世纪英国剑桥大学数学教授，对管理颇有研究。其管理思想主要是发展了斯密关于劳动分工效益的思想，举出了劳动分工更多的好处。他的另一管理思想是提倡劳资合作，建议实行一种工人分享利润的计划，并对工人提高劳动效率的建议给予奖励。

## (二) 古典管理理论形成的历史背景

西方的古典管理理论包括科学管理理论、古典组织理论和行政组织理论。它们是由不同的人在不同的国家单独提出来的，但提出的时间都在 20 世纪之初，且在基本观点上有相似之处。这是因为它们反映了同样的历史背景，共同适应了当时资本主义发展的需要。

古典管理理论形成的历史背景有下列几点：
(1) 资本主义生产的迅速发展；
(2) 资本主义生产集中和垄断组织的形成；
(3) 阶级斗争的尖锐化；
(4) 资本主义企业管理经验的积累。

前三点对加强管理提出了要求，最后一点为加强管理创造了条件，管理理论应运而生。

## (三) 科学管理理论的要点

科学管理理论是由美国人泰罗及其追随者在 20 世纪初创立的，其代表作是泰罗于 1911 年发表的《科学管理原理》。这个理论的要点包括：

(1) 鼓吹劳资合作、雇工同雇主利益的一致性。为此，需要劳资双方来一场完全的"思想革命"：其一是双方不再注意盈余分配，而转向提高效率以增加盈余，盈余增加了，则分配盈余的争论也就不必要了；其二是双方都应对厂内一切事情，采用科学研究和知识来代替传统的个人判断或经验，这包括完成每项工作的方法和完成每项工作所需的时间。

(2) 采用科学方法，大力提高劳动效率。采取的措施有：①通过科学研

究，实行工作方法和工作条件（设备、工具、材料及工作环境）的标准化；②通过科学研究，实行工作时间的标准化，规定完成单位工作量所需时间及一个工人"合理的日工作量"；③挑选和培训工人，使之能掌握标准工作法，尽力达到"合理的日工作量"；④实行差别计件工资制，即按照工人是否达到"合理的日工作量"，采用不同的工资率来计酬；⑤明确划分计划工作与执行工作，实行管理工作专业化；⑥实行"计划室和职能工长制"，即职能制管理；⑦实行"例外原则"的管理，高层管理者仅保留对"例外"（新的、重大的）问题的决策权和监督权，而日常事务则授权其下属负责处理。

对科学管理理论的评价应一分为二：它鼓吹劳资合作，提出盈余增加了就不会去争论盈余的分配。这是骗人的，是为资本加重对劳动的剥削服务的。另一方面，它主张管理要用科学研究方法去解决，不能单凭经验办事，这是它的历史性贡献。由于它的出现，资本主义企业管理由传统的经验管理阶段过渡到科学管理阶段。

### （四）古典组织理论的要点

古典组织理论是由法国人法约尔在 20 世纪初创立的，其代表作是法约尔于 1916 年发表的《工业管理与一般管理》。与泰罗主要研究企业最基层的工作不同，它是以整个企业作为研究对象的。这个理论的要点包括：

（1）为管理下定义。他把企业的活动分为 6 组：技术、商业、财务、安全、会计、管理。"管理就是实行计划、组织、指挥、协调和控制。"

（2）依次分析管理的 5 种职能，对组织职能的解析最为详尽（故被称为古典组织理论）。

（3）提出 14 条"管理的一般原则"：劳动分工、权力与责任、纪律、统一指挥、统一领导、个人利益服从整体利益、报酬、集中、等级制度、秩序、公平、人员稳定、首创精神、团结精神。

（4）强调管理教育和管理理论的重要性。

### （五）行政组织理论的要点

行政组织理论是由德国人马克斯·韦伯于 20 世纪初创立的，其代表作是韦伯的专著《社会和经济组织的理论》。这个理论适应了当时德国旧式的家族企业向资本主义企业转变的要求，提出了资本主义企业典型的组织结构形式。

这一理论的要点包括：

（1）提出"理想的行政组织形式"的概念。所谓"理想的"，是纯粹的、典型的之意，因为在实际生活中，必然出现多种组织形式的结合。

（2）提出 3 种合法权力和 3 种组织形式：神秘的权力，带来神秘的组织；传统的权力，带来传统的组织；理性的、法律化的权力，带来理性的、法律化的组织。韦伯认为，只有理性的、法律化的权力才能成为构建行政组织形式的基础。

（3）设计出理想的行政组织形式的结构。它是一个职位等级制结构，每个职位都有明确规定的法定权力和职责范围；除最高领导人可因专有（生产资料）、选举或继承而获得其职位外，其他一切管理者都应实行委任制和自由合同制，一切管理者都必须在法定的权责范围内行使权力；管理者应当同生产资料所有权相分离，即把属于组织而由他管理的财产同他个人的私有财产彻底分开。韦伯认为，这一行政组织形式适用于各类组织，是最优的组织形式。

### （六）古典管理理论的特征

上述三种管理理论各有特点，但由于时代背景相同，它们在对待雇工和对待组织的观点上大体一致。人们将这些共同的观点视为古典管理理论的特征。

三种理论对待雇工的观点是：私有财产神圣不可侵犯，雇主占有生产资料，就可以占有和利用雇工的劳动；人都是"经济人"，雇主和雇工都在追求各自的经济利益；劳资双方的利益在根本上是一致的，如提高生产率，则双方的经济利益都可满足；人的天性是好逸恶劳，逃避工作，因此，必须对雇工施行"胡萝卜加大棒"的办法来严格监督。

三种理论对待组织的观点是：它们都只研究组织内部的管理问题，未考虑外部环境，实际上将组织看成一个封闭系统；它们都崇尚科学，鼓吹理性，认为存在适用于一切社会组织的管理的"最佳方式"，管理理论的任务就在于探索这些方式；它们都把组织看成一部机器，各类人员则是其零部件，因而强调劳动分工、等级制度、明确权责、严肃纪律等，以保证机器有效运转；它们都强调稳定，不重视变革。

三种理论对雇工的观点明显反映了他们的创立者的资产阶级立场观点，而对组织的观点则反映了管理理论形成初期的历史局限性，后来的管理学者对它们提出了许多批评。尽管如此，古典管理理论的历史功绩不容抹杀，它确实有助于资本主义社会的发展，对以后的管理理论产生了深远影响，其中一些原理和方法至今仍在应用。

### （七）行为科学理论的要点

早期的行为科学理论称为人际关系理论，形成于20世纪30年代，创立者为美国人梅奥等，其代表作是梅奥发表于1933年的《工业文明中人的问题》。这个理论是根据1924—1932年著名的"霍桑试验"的研究成果创立的。其要点包括：

（1）人是"社会人"，而非单纯的"经济人"。他们既有经济的需求，又有社会的、心理的需求。对人的激励应是多方位的，金钱非唯一激励因素。

（2）企业中除正式组织外，还存在由共同兴趣、感情等因素自然形成的"非正式组织"，它同正式组织互相依存，应给予重视和积极引导。

（3）新型的领导能力在于管理要以人为中心，全面提高职工需求的满足程度，以提高士气和生产率。

行为科学后来的发展主要集中在四个领域：有关人的需求、动机和激励问题；同管理有关的"人性"问题；企业的领导方式问题；"非正式组织"问题。这些将在以后的有关章节中作介绍。

### （八）现代管理理论产生的历史背景

在第二次世界大战后，西方管理理论有了很大发展，出现了许多学派，他们的理论总称为现代管理理论。这一理论的产生，使资本主义企业管理从科学管理阶段过渡到现代管理阶段。

现代管理理论产生的历史背景如下：

（1）资本主义工业生产和科技的迅猛发展；

（2）生产集中和垄断统治的加强；

（3）工人运动的高涨；

（4）市场问题尖锐化和企业环境的多变；

（5）相关科学的迅速发展。

### （九）系统学派管理理论的要点

系统学派是由运用系统论观点来研究组织和管理的学者所组成，其管理理论的要点是将一切社会组织及其管理都看作人造的、开放的系统，其内部又可划分为若干子系统；社会组织所处的外部环境是一个更大的系统，社会组织本身是这个大系统中的一个子系统。在管理工作中，必须树立系统观点，它包括全局观（全局高于局部，局部服从全局）、协作观（各个局部应团结协作，互相支援，反对各自为政）和动态适应观（组织必须适应外部环境及其变化，也对环境施加积极影响）。系统观点完全符合马克思主义的唯物辩证法，可为我所用。

### （十）决策学派管理理论的要点

决策学派致力于研究决策理论以及用数学、电子计算机来辅助决策。其理论要点包括：

（1）突出强调决策在管理工作中的重要性，甚至说"它和管理一词几近同义"；

（2）决策可按不同标准来分类，例如划分为程序化决策和非程序化决策，它们应用的决策技术不同，本学派着重研究非程序化决策；

（3）决策是一个过程，可划分为若干步骤；

（4）决策只能做到"满意"或"足够好"，不可能"最优化"。

### （十一）经验学派管理理论的要点

经验学派突出强调管理实践经验的重要作用，其理论的要点是：管理工作应当从实际出发，着重研究各类组织的管理经验，在一定的条件下可将这些经验上升为原则或理论，但在更多的情况下只是为了将这些经验直接传授给实际工作者，由他们根据实际情况灵活选用。

### （十二）权变学派管理理论的要点

权变学派的管理理论涉及组织结构、人性论、领导方式等多个领域，但其共同特点是突出权变观点，即随机应变的观点。他们认为，同古典管理理论的看法相反，世界上根本不存在适用于一切情况的管理的"最佳方式"。管理的形式和方法必须根据组织的外部环境和内部条件的具体情况而灵活选用，并随着环境和条件的发展变化而随机应变。

坚持权变观点，首先要求加强调查研究，从实际出发，具体情况具体分析，并根据具体情况灵活选用适当的管理形式和方法；其次，实际情况在不断变化，调查研究应当经常化，并按照变化了的情况适时调整或改变管理形式和方法。权变观完全符合马克思主义辩证唯物论，可以为我所用。

### （十三）管理科学学派管理理论的要点

管理科学学派理论的要点是，组织是由"经济人"组成的追求经济利益的系统，因此，管理工作应采用大量的科学方法（如线性规划、非线性规划、概率论、博弈论等）和计算机技术，对问题作定量分析，建立数学模型，求出经济效益最优化的解，作为决策依据。这个理论同科学管理理论一脉相承，但应用了系统观点和数学、计算机科学的新成就。

### （十四）组织文化学派管理理论的要点

组织文化学派理论的要点是：

（1）建立"7S"模型，即认为企业成败的关键因素有 7 个：战略、结构（以上为硬件），制度、人员、技能、作风、共有的价值观（以上为软件）。它们相互关联，而共同价值观即组织文化是核心。管理者的首要职责是去塑造和落实有利于组织发展的文化，处理好日常出现的文化冲突。

（2）贯穿一种"非理性倾向"，对过去一切管理理论中的"理性主义"提出挑战，反对过分的纯理性观点，即对"理性化"的迷信和滥用。

### （十五）现代管理理论的突出观点

现代管理理论的内容极为丰富，互为补充，有几个突出观点已得到公认，可为我所用。

（1）系统观点（见前述系统学派理论的要点）。

（2）权变观点（见前述权变学派理论的要点）。

（3）人本观点。这是行为科学理论、组织文化理论的贡献。管理要以人为中心，要让职工群众都成为管理的主体，管理的成果要由组织全体成员所共享。以人为本已成为管理的发展趋势。

（4）创新观点。古典管理理论强调稳定，不重视变革；现代管理理论则普遍强调创新，要求对迅速变化的外部环境灵活敏捷地做出有效的反应，以保障组织的生存和发展，并推动社会进步。

### （十六）建设中国管理学已有的基础条件

我国古代的管理思想博大精深，主要包括治国、爱民的思想，选人、用人的思想，生产经营管理的思想，管理方法论的思想等，需要我们继续努力去发掘和整理。古代管理思想将构成我国管理学的一个重要内容。

我国近代、现代丰富的管理经验和管理思想，更是建设中国管理学的基础。要特别重视 1949 年新中国成立以来的经验和思想，包括改革开放以来创造的新经验、新思想，以实践作为检验标准，正确的肯定下来，错误的坚决摒弃，对不完善的加以完善。

### （十七）建设中国管理学的基本要求

这里列举三条基本要求：

（1）坚持以马克思主义、毛泽东思想、邓小平理论为指导。这是关于指导思想和研究方法的要求。建设中国管理学必须坚持正确的政治方向和科学的研究方法。

（2）继承、借鉴与创新相结合。这是关于建设途径的要求。建设中国管理学必须继承我国古代和近代、现代的管理经验和管理思想，参考和借鉴外国的管理理论和经验，有分析地试用、消化和吸收，再加以改造和创新。在新形势下的管理问题，有许多很难从历史经验和外国经验中找到现成答案，更需要通过创新去解决。

（3）理论工作者同实际工作者相结合。这是关于建设主体的要求。从事管理的理论工作者同实际工作者共同努力，密切协作，才能将中国管理学建设起来。

## 五、练习题汇

### （一）单项选择题

1. 西方早期行为科学理论的创立者是（　　　　）。

A. 泰罗        B. 法约尔

C. 韦伯        D. 梅奥

2. 主张在管理中大量采用定量分析法的学派是（　　　　）。

 A. 系统学派       B. 决策学派

 C. 管理科学学派     D. 权变学派

### （二）多项选择题

1. 古典组织理论的要点包括（　　　　）。

 A. 为管理下定义

 B. 提出管理的 5 职能

 C. 提出 14 条"管理的一般原则"

 D. 提出"例外原则"管理

 E. 强调管理教育的重要性

2. 组织文化学派管理理论的要点包括（　　　　）。

 A. 运用系统论来研究组织和管理

 B. 突出强调管理实践经验的重要性

 C. 建立"7S"模型，强调文化的重要性

 D. 贯穿一种"非理性倾向"

 E. 提倡尽量多地采用定量化方法

### （三）判断分析题

1. 古典管理理论实际上将组织看成一个封闭式系统。

2. 权变学派的管理理论批判了古典管理理论的"经济人"假设。

### （四）简答题

1. 你对泰罗科学管理理论如何评价？

2. 经验学派管理理论有哪些要点？

### （五）论述题

1. 现代管理理论有哪些突出观点？

2. 建设中国管理学，有哪些基本要求？

### （六）案例分析题

**案例 1：美国汽车厂时兴"船小好调头"**

在美国汽车市场，人们逐渐认识到"小就是美"。通用和福特两大公司日子都不好过，随着销售额和利润的下降，他们正在关闭工厂、减少就业岗位。与此相反，其规模较小的四家竞争对手：克莱斯勒、丰田、本田、日产公司，却在推出新车型，开办新工厂，增加就业岗位，更重要的是他们获得了支持其

发展的丰厚利润。2005 年，这四家公司占有美国汽车市场近 42%的份额，而通用和福特只有 43%。这与 15 年前的情况形成鲜明对比，当时通用和福特两家销售量之和是这四家公司的两倍。

新泽西州汽车数据公司总裁罗恩·皮内利说"船小好调头"，又说"大公司心态是个负担"。这可以从克莱斯勒公司得到启发。这家公司曾是底特律三大汽车公司之一，但其现已摆脱了大公司心态，在过去五年中削减了 4.6 万个就业岗位。这家公司设在邓迪的年产 84 万台发动机的工厂，在生产高峰时也只有 250 名钟点工。工人不再明确分工，每个人必须学会所有的工种，从而可以灵活调配，减轻了公司的劳动力负担。相比之下，这家公司设在底特律麦克路的工厂年产 35 万台发动机，却雇用了 750 名工人；而在 20 世纪 90 年代，该公司在威斯康星州基诺沙的发动机厂雇用了 2 500 名工人。

通用和福特公司因品牌太多深受其累。通用任由奥兹莫比尔轿车成为一种老式轿车，最后不得不放弃这个百年品牌。他们花几十亿美元购买的外国品牌都未收到预期效果。丰田公司认为，现代的汽车公司只需搞好三个品牌就够了。克莱斯勒公司也只有三个品牌，而本田和日产各只有两个品牌。

分析问题：

1. 明确的劳动分工，大规模生产的经济性等，都曾是理性主义者信奉的真理。你认为这个案例说明了什么问题？

2. 你能利用此案例来论证管理对于一切公司（无论规模大小）的极端重要性吗？

### 案例 2：麦当劳入乡随俗

如果你到中国的约 800 家麦当劳餐厅中的一家就餐，就会发现菜单上有了新品种：米汉堡。它去年在中国台湾一经推出，立即大获成功，在去年的销售额增长中占了 6%，后来逐渐推广到中国香港、新加坡、菲律宾、马来西亚等地。

对于一个在一百多个国家开了连锁店的快餐公司来说，除了供应汉堡、薯条等核心餐品外，提供符合当地口味的食品，这并不新鲜。1971 年，麦当劳在荷兰开设欧洲第一家连锁店时，菜单上就有荷兰传统食品。它在日本的连锁店供应日式猪肉汉堡，在葡萄牙推出四种汤，还计划在澳大利亚推出意大利面食。

也有人担心：麦当劳餐品的日益本地化可能冲击它的美国品牌餐品的销售。他们说："通过推出当地食品，麦当劳实际上削弱了其品牌的价值。如果它提供的当地食品不如当地制作的同类产品，那会是一种损害。"

但麦当劳公司认为，麦当劳是以自己带到世界各地的核心餐品为坚实基础的，但同样需要确保公司贴近当地人们的口味和需求。公司同时保持全球性和地方性是有可能的。"大多数消费者经常在市场的摊点买快餐，这是我们面临的竞争，同时也是未挖掘的潜力。""在我们进入的每个国家，我们都是当地企业，要有当地的特点。"

**分析问题：**

1. 麦当劳公司认为同时保持全球性和地方性是有可能的，你赞同这个观点吗？

2. 你觉得这个事例同权变管理的观点有无联系，能作一些分析吗？

# 第 三 章
# 组织的环境

## 一、本章内容指点

　　西方的权变理论批判了古典管理理论"存在着适用于一切情况的管理最佳方式"的观点，强调了管理的形式和方法必须根据组织的内外部情况来灵活地选用，并随着内外部情况的变化而变化。由此可见，组织的内外部情况（我们这里统称为环境）成为对管理者的一种约束力量。管理者必须经常调研组织的环境，按其影响选择采用管理的形式和方法。

　　本章首先讨论组织的外部环境，说明任何组织都是一个开放系统，总是处在一个比它更大的系统即外部环境中，并同外部环境进行着物质、能量和信息的交换。对组织来说，外部环境是它无法控制而只能去适应的，不过，在一定情况下，它也可对某些环境施加影响，所以组织同外部环境有着"双向的互动关系"。

　　我们以企业为例分析了外部环境所包含的众多因素，由此可看出外部环境对管理的影响。外部环境的一个突出特点是不确定性，从而对不确定性进行了简要分析，指出管理者要对其进行管控。

　　其次，讨论组织的内部环境。内部环境包含哪些因素，尚无定论，我们拟定有使命、资源和文化三项，并分析了使命、资源对管理的影响（文化因素特别重要，特设下章讨论）。

　　接着讨论了同环境密切相关的组织的社会责任和伦理道德问题。仍以企业为例，分析了公司的社会责任的含义和内容（经济责任、法律责任、伦理责任和自选责任），强调一切组织都应当履行其担负的社会责任。为此，需要随时监测社会对自身的期望和要求，并尽力主动加以满足。这项工作应当有人或机构专门负责。

　　组织的伦理道德问题近年来较为突出，已引起广泛关注。此问题亦可归入组织文化之中，即确立行为或道德的判断标准。组织应当有人负责去监控其伦理道德执行情况，对表现优秀者给以表彰奖励，对表现恶劣者给以批评惩处。

## 二、基本知识勾勒

组织外部环境及其对管理的影响
组织的一般环境及其因素
组织的特定环境及其因素
组织外部环境的不确定性
组织的内部环境及其因素
组织内部环境对管理的影响
组织社会责任的概念和内容
组织履行社会责任的方法
组织管理伦理的概念和内容
组织推行管理伦理的做法

## 三、学习目的要求

学习本章的目的要求是：

了解：组织内外部环境的概念及所包含的因素；组织的社会责任和管理伦理的概念。

理解：组织内外部环境对管理的影响；外部环境的不确定性；社会责任和管理伦理的内容。

掌握：履行社会责任和管理伦理的做法。

运用：具体分析一个组织的内外部环境；举例说明企业诚信经营的极端重要性。

## 四、重点难点解析

### （一）组织的外部环境及其对管理的影响

组织是一个开放系统，它总是处在比它更大的系统即外部环境中，并同外部环境进行着物质、能量和信息的交换。所有那些存在于组织外部的、对组织的活动及其绩效会产生影响的因素或力量，就称为组织的外部环境。

对组织而言，外部环境是其不能控制的，相反，它必须适应外部环境的要求来开展活动，才能保障自身的生存和发展。不过，组织也可在一定情况下对外部环境施加影响，所以组织与外部环境之间是一种"双向的互动关系"。

外部环境对管理的影响有以下几点：

（1）它可能给组织的发展带来机遇；

（2）它为组织带来规范或约束；

（3）它可能给组织发展带来挑战或威胁；

（4）组织的管理形式和方法必须适应外部环境的要求。

### （二）组织的一般环境及其因素

组织的外部环境可分为一般环境与特定环境。一般环境又称宏观环境，是指在国际国内对一切产业部门和组织产生影响的各种因素或力量。

一般环境包括政治、法律、经济、社会文化、科学技术、自然等因素。这些因素是相互联系和交叉的。对不同类型的组织而言，这些因素的重要性有所不同。同一因素对不同的产业而言，其重要性也有所不同。

### （三）组织的特定环境及其因素

组织的特定环境又称产业环境，是指从产业角度看，同组织有密切关系、对组织有直接影响的各种因素或力量。以企业为例，其特定环境的因素包括顾客、物资供应商、劳动力市场、金融机构、竞争对手、政府机关、社会公众等。

### （四）组织外部环境的不确定性

组织对外部环境进行调研时，常遇到不确定性的困扰。所谓不确定性，是指外部环境未来的发展变化及其对组织的影响难以准确地预测和评估，这就意味着风险。

不确定性的程度决定于两个因素：①复杂性，指环境所含因素的多少和它们的相似性。如因素不多且相似，称为同质环境；反之，称为异质环境。②动态性，指环境所含因素的变化速度及其可预测程度。如变化不算快，较易于预测，称为稳定环境；反之，称为不稳定环境。将复杂性和动态性结合起来，可划分出四种类型的组织，其外部环境不确定性的程度各不相同。

不管怎样，管理者都应对外部环境进行调研，分析并尽可能降低其不确定性，并制定出应对不确定性的权变措施。

### （五）组织的内部环境及其因素

组织的内部环境又称为内部条件或状况，是指组织内部对其管理与绩效有直接影响的因素。它对管理者也是一种约束力量，但因存在于组织内部，所以是组织所能控制的。

按照组织的含义，其内部环境包含三个因素：①使命，指组织对社会承担的责任、任务及自愿为社会做出的贡献；②资源，包括人力、物力、财力、技术、信息等；③文化，指组织全体成员共有的价值观、信念和行为准则。

### （六）组织内部环境对管理的影响

组织的使命决定着它的性质、类型和从事的业务活动，从而进一步决定着它的组织机构、职务、岗位和人员配置，决定着它的目标、计划和战略的制定等。

组织的资源对管理也有很大影响：资源的数量表明组织的规模，在不同规模的组织中，管理的形式和方法、竞争的战略和策略都有不同；资源的素质基本上决定了组织的素质，管理者在选择管理的形式和方法时也应着重考虑。

组织的文化对管理的影响将在下一章讨论。

### （七）组织社会责任的概念和内容

以公司的社会责任为例，有三种不同理解：

（1）理解为社会义务，即"守法谋利"。

（2）理解为社会反应，即认为"守法谋利"还不够，必须对自己造成的环境的、社会的代价乃至解决社会问题做出反应。

（3）理解为社会响应，即认为对社会问题被动地反应还不够，必须主动地、预防性地去发现、研究和承担起自己的责任。

上述三种观点不是相互对立的，提出"社会反应"观点的人也接受"社会义务"观点，提出"社会响应"观点的人也接受"社会义务"和"社会反应"观点。它们代表着人们对社会责任范围的理解在逐步扩大，对公司的期望值在逐步提高。

按照社会响应观点，公司的社会责任包括经济的、法律的、伦理的、自选的四种责任。经济的、法律的责任即"守法谋利"。伦理责任是指并无法律规定、却是社会成员强烈期望的伦理道德的行为。自选责任是指并非法律规定或公众强烈期望、却是公司自愿赞助或捐助的公益性活动。

### （八）组织履行社会责任的方法

为了履行其社会责任，组织需要随时监测社会对它的期望和要求，可采用的方法有社会调查和预测、舆论调查、社会审计（对组织活动的社会影响进行评估）、社会问题调研等。

为进行上述活动，组织内部应有人或机构专门负责。例如可指派某些管理者去调查、处理组织面临的重大社会问题，还可成立常设部门、临时性工作组、常设委员会等机构来协调各种社会责任，发现新的社会问题，并研究、采取应对措施。

### （九）组织管理伦理的概念和内容

管理伦理是组织的管理者们在其业务活动中采用的行为或道德判断的标准。这些标准来自社会的一般道德规范，来自每个人在家庭、教育、宗教中的感受，也来自与他人的交往，因此，管理伦理可能各不相同。

尽管如此，有学者提出一些常识性的指导原则，可视为管理伦理的共同内容。它包括：遵纪守法，诚信待人，尊重他人，"己所不欲，勿施于人"，不造成对他人的伤害，实行参与制、不搞家长制，贵在行动，等等。

### （十）组织推行管理伦理的做法

一个组织为推行管理伦理，首先需要制定"伦理法典"，作为伦理行为的标准，广泛宣传并要求贯彻实施。

其次，结合"法典"，还需制定一些更为具体的标准，作为"法典"的补充。

最后，组织应有专人（如伦理监察员）或机构（如伦理委员会）检查法典和标准的执行情况，奖优罚劣，同时研究和处理一些伦理不易确定的问题。

## 五、练习题汇

### （一）单项选择题

1. 组织的使命属于组织的（　　　）。
   A. 外部环境　　　　　　　　B. 内部环境
   C. 一般环境　　　　　　　　D. 特定环境

2. 由于存在不确定性，企业对外部环境的调查研究（　　　）。
   A. 徒劳无功，无法进行
   B. 可以进行，但无法预测
   C. 可以预测，但无法据以决策
   D. 仍应进行，并制定应对措施

### （二）多项选择题

1. 组织的一般环境包括（　　　）。
   A. 政治法律因素　　　　　　B. 经济因素
   C. 社会文化因素　　　　　　D. 科学技术因素
   E. 自然因素

2. 企业的社会责任包括（　　　）。
   A. 政治责任　　　　　　　　B. 经济责任
   C. 法律责任　　　　　　　　D. 伦理责任
   E. 自选责任

### （三）判断分析题

1. 社会公众不是组织特定环境的一个因素。

2. 诚信是组织伦理道德的一条重要原则。

**（四）简答题**
1. 试简述组织的资源对其管理的影响。
2. 外部环境的不确定性决定于哪些因素？

**（五）论述题**
1. 试论组织的外部环境对其管理的影响。
2. 组织为履行其社会责任，应采用哪些做法？

**（六）案例分析题**
**案例1：中国企业须增强"社会责任"**

广东省政府正在重拳出击，打击工作条件恶劣的工厂。这些工厂位于珠江三角洲，其特点是工人工资低，工作时间长，无加班费，工作条件恶劣，安全措施少得可怜，某些厂还雇用童工。这些厂还经常拖欠外来农民工的工资。尽管这些厂为广东的经济繁荣做出了贡献，但政府还是决定对它们进行打击。

深圳市政府采取的措施最为引人注目。2006年4月初，该市劳动部门宣布，深圳市将采取鼓励性政策，促使企业增强其"社会责任"，政府将就"社会责任"设立标准，并为达到标准的企业颁发证书。更加严厉的措施是，该市将在政府采购、拨款以及外包项目中抵制来自血汗工厂的产品和服务，且不会将任何建筑工程合同给予拖欠农民工工资的公司。但该部门也强调说，这些措施将逐步推行，表明措施的具体实施还有一段宽限期。

2006年年初，深圳市检察院批准逮捕了几家企业的老板及高层管理人员，因为他们拖欠了工人数千万元的工资。此外，市政府还公布了一份名单，对数十家欠薪企业进行了曝光。早在上一年，广东省劳动部门就曾公布欠薪企业的名单，这在全国范围内尚属首次，它立即被誉为中国开始关注工人权益保障的标志。

欠薪问题是法律上的"灰色地带"。中国劳动法只是规定雇主必须准时支付工资，但未详细说明违法者将受到何种处罚。而且各地方政府往往会保护给当地带来资金、就业机会和GDP增长的投资者。因此，发生劳资纠纷时，按照法律不属当地居民的外来务工者的权益就常被忽视。

面对日益严重的劳动力短缺现象，政府必须改善劳动者的权益，企业必须增强社会责任。

**分析问题：**
1. 你认为改善工作条件、保障劳动者的权益属于企业的社会责任吗？为什么？
2. 对于那些工作条件恶劣的血汗工厂，应采取哪些坚决措施？

**案例2：中小企业应否承担社会责任？**

在2004年中期召开的"中国企业500强"发布会上，主办者设立了"企业竞争力与社会责任"的专题论坛，引发了"中小企业是否应当承担社会责任"的激烈争论。

反对方的论点主要有：

（1）承担社会责任需要具备相应的能力，主要是大企业的事；中小企业规模小，能力弱，难以承担社会责任。

（2）中小企业尚处于成长阶段，首要任务是提升竞争力和壮大规模，要把每一分钱用在刀刃上，承担社会责任是"手短衣袖长"。

（3）在现实经济社会环境下，中小企业竞争对手太多。如努力去承担社会责任，就会加大企业成本，使企业在竞争中处于不利地位。

赞成方也举出了一些有力论据，但仍无力说服反对方。

**分析问题：**

1. 你同意反对方的论点吗？为什么？
2. 你能为赞成方提出几点有说服力的论据吗？

# 第 四 章

# 组 织 文 化

## 一、本章内容指点

第二章简要介绍了西方的组织文化学派的管理理论，第三章又指出文化是组织内部环境的因素之一，对管理者起着约束作用。由此可见，组织文化同管理的关系十分密切。

本章首先介绍组织文化的概念、内容和特征，接着分析其对管理的正面作用和负面作用。管理者自然应当积极发挥其正面作用，而减少乃至消除其负面作用。

其次介绍组织文化形成的几个主要因素，突出高层管理者个人的管理理念和组织的历史经验教训，这也可看出高层管理者在组织文化形成和变革中承担的重任。接着分析组织文化如何在组织中渗透，以形成全体员工的共识。

最后介绍企业在国际化经营中常见的文化冲突，包括价值观念、思维方式和风俗习惯等方面的冲突。解决文化冲突的办法是：互相尊重，互相了解，允许文化差异存在，逐步加以配合，实行本土化政策，在东道国招收当地员工特别是高层管理者，等等。

## 二、基本知识勾勒

组织文化的概念和内容
组织文化的特征
组织文化的正面作用
组织文化的负面作用
影响组织文化形成的因素
组织文化在组织内部渗透的途径
国际化经营中常见的文化冲突
国际化经营中文化冲突的解决办法

# 三、学习目的要求

学习本章的目的要求是：

了解：组织文化的概念、内容和特征。

理解：组织文化的正面和负面作用，影响组织文化形成的因素，国际化经营中的文化冲突及其解决办法。

掌握：组织文化在组织内部渗透的途径。

# 四、重点难点解析

## （一）组织文化的概念和内容

组织文化的概念众说纷纭，综合各种观点，可概括为：组织文化是在长期管理活动中形成的、组织成员共有的管理理念、思维方式和行为规范的总和。

管理理念是对组织存在意义的哲学思考，是组织文化的核心内容。它包括组织的世界观、价值观和道德观三部分。世界观是组织成员共同的对事物和行为的最一般的看法，它回答"世界和社会是什么""人为什么活着""组织为什么存在"等问题。价值观是组织成员共同的对事物和行为是否有价值以及价值大小的看法，它回答"这件事是否值得去做""值得付出多大代价"等问题。道德观是组织成员共同的对事物和行为是非善恶的判断标准，它回答"谁是谁非""何为善、何为恶"等问题。

思维方式是组织成员共同的对事物和行为的直接反映和思考方式。它受到管理理念的影响，又直接影响行为规范。

行为规范是指导组织成员在一定情况下应当如何行动的内在心理的规则，是管理理念和思维方式的具体表现形式。

管理理念和思维方式构成组织文化的精神层面，隐含于组织成员的头脑中。行为规范则构成组织文化的行为层面，体现在组织成员的行为中。三者密切结合，组成组织文化的内容。

## （二）组织文化的特征

（1）共有性（认同性）。即组织文化必须为组织成员所共有或认同，形成统一的思想和行动。

（2）人为性。即组织文化是人为形成、长期培育和渗透的结果。

（3）人身依附性。即组织文化融入人的头脑，体现在人的思维方式、工作作风和风俗习惯中，并通过人的行为扩散到产品、商标等物体上。

（4）稳定性。即组织文化一旦形成，就会延续较长时间，不会轻易变化。

（5）继承性。即组织文化是对社会文化传统的继承。

### （三）组织文化的正面作用

（1）导向作用。组织的管理理念（世界观、价值观、道德观）对组织的经营目标和战略制定具有重要的指导作用，同样影响员工的行为，形成组织特有的风气和氛围。

（2）激励作用。组织文化有助于营造和谐的人际关系，尊重人、关心人的环境，对满足员工的高层次需要产生稳定持久的激励作用。

（3）协调作用。共有的管理理念和思维方式使人们易于沟通，取得一致意见；共有的思维方式和行为规范使人们易于协调行为，统一行动。

（4）自我约束作用。组织文化经过长期渗透，形成员工的职业操守和行为习惯，形成自我约束能力，与组织的规章制度相辅相成。

以上是组织文化对组织内部的有利影响，此外，它还影响组织的外部形象。人们通常是通过组织特有的文化特征来认识和评判该组织。

### （四）组织文化的负面作用

（1）组织文化惯性不适应变革。组织文化的稳定性特征带来其惯性，使人们感觉迟钝，察觉不到环境的快速变化，或者察觉到了而迟迟未能采取变革措施，或者采取了变革措施而传统的文化观念仍继续滞留，顽强地表现自己。

（2）扼杀个性和思想观念多元化。组织文化的共有性特征会带来思想观念的同一化，妨碍个性的发挥和思想观念的多元化，对员工和组织的发展不利。

（3）排斥外来文化。社会组织的文化一旦形成，可能发展为唯我独尊、排斥一切外来文化，这就不利于企业的多元化经营和跨国经营。

### （五）影响组织文化形成的因素

（1）高层管理者个人的管理理念。高层管理者在组织中的地位和权责范围决定了他有责任也有权力来塑造组织文化，同时决定了组织文化必然反映他个人的世界观、价值观和道德观。

（2）组织的历史经验教训。社会组织发展过程中的成功经验和失败教训给员工留下深刻体验，这些体验经过总结、思考、抽象化，就会融入组织文化中。

（3）组织行业性质。不同行业的组织，其业务活动的性质不同，组织文化必然呈现差异。例如学校、医院的文化就与工商企业不同，所以行业性质是影响组织文化的因素之一。

（4）社会经济环境。一个社会的经济发展水平和实施的经济体制会对其

34

经济组织的文化形成产生巨大影响。

（5）社会文化背景。组织文化的继承性特征表明了社会文化传统（价值观念、生活方式、风俗习惯、宗教信仰等）对组织文化具有重要影响。

### （六）组织文化在组织内部渗透的途径

（1）日常管理活动渗透。组织文化通过长期战略规划、年度计划渗透到各部门，贯彻到全体员工中，计划执行结果通过"计划执行报告"反馈到最高管理层；最高管理层根据当时环境和前期计划执行情况，制订和贯彻新的计划。如此反复循环，组织文化反复传播和渗透，成为员工的共同思想和自觉行为。

（2）树立英雄榜样。英雄榜样使组织文化具体化、形象化，便于员工学习和文化渗透。

（3）开展共同活动。领导者通过和员工共同参加的各种活动，言传身教，传播组织文化。

（4）设立业绩、行为评价制度。管理者通过设立业绩、行为评价制度，表明组织的价值观、道德观和行为规范，以引导员工的行为。

（5）教育培训。通过形式多样、内容丰富的教育培训，灌输管理理念、思维方式和行为规范，是组织文化渗透的最积极主动的途径。

### （七）国际化经营中常见的文化冲突

国际化经营中的文化冲突是指在跨国经营的企业中，具有不同社会文化传统的人员聚在一起，因价值观、道德观、思维方式、风俗习惯等的差异而引发的矛盾和冲突。常见的有：

（1）价值观冲突。如个人主义与集体主义的冲突，以及对权力、地位、头衔等级等的重视程度等。

（2）思维方式冲突。如对待新鲜事物和风险的态度，重视定性分析抑或定量分析，在表达观点上是喜好直率还是倾向委婉含蓄等。

（3）风俗习惯冲突。除宗教信仰外，各国人民的风俗习惯也有许多差异，导致文化冲突。

### （八）国际化经营中文化冲突的解决途径

国际化经营中的文化冲突是不可回避的，比较切实可行的解决办法是尽力使不同文化逐步融合，创造出企业特有的组织文化。实现文化融合，需注意下列五个问题：

（1）互相尊重。承认文化不同却相互尊重。

（2）互相了解。双方均努力了解对方的文化传统，即可消除许多误会和矛盾。

（3）允许文化差异的存在，不要急于去改造对方或强迫对方接受自己的文化。

（4）逐步推进文化融合。首先是"求同存异"，在此基础上再谋求差异的融合。

（5）实行本土化政策。许多国际化经营企业都实行在东道国招收当地的员工特别是招聘高层管理人员、逐步实现本地人管理的政策，利于实现文化融合，消除文化冲突。

# 五、练习题汇

## （一）单项选择题

1. 下列项目中不属于组织文化负面影响的是（　　　）。

　　A. 组织文化惯性不适应变革

　　B. 扼杀个性和思想观念多元化

　　C. 排斥外来文化

　　D. 在国际化经营中引起文化冲突

2. 下列项目中不属于国际化经营中文化冲突的是（　　　）。

　　A. 价值观冲突

　　B. 利益分配不公引发的冲突

　　C. 思维方式冲突

　　D. 风俗习惯冲突

## （二）多项选择题

1. 组织文化的内容包括（　　　）。

　　A. 管理理念　　　　　　　B. 组织结构

　　C. 思维方式　　　　　　　D. 行为规范

　　E. 规章制度

2. 组织文化的特征有（　　　）。

　　A. 共有性　　　　　　　　B. 人为性

　　C. 人身依附性　　　　　　D. 稳定性

　　E. 继承性

## （三）判断分析题

1. 组织文化对组织发展既有正面作用，又有负面影响。我们应积极发挥其正面作用，缩小乃至消除其负面影响。

2. 美国的跨国公司设在国外的分支机构，如完全由美国人担任高级主管，就不会出现文化冲突。

### （四）简答题
1. 试简述组织文化的正面作用。
2. 组织文化的形成要受哪些因素的影响？

### （五）论述题
1. 组织文化要渗透到员工中有哪些途径？
2. 要解决国际化经营中的文化冲突，必须注意哪些问题？

### （六）案例分析题
**案例：RMI 公司**

RMI 公司是美国钢铁公司和国民酿酒公司下属的一家子公司，设在俄亥俄州的奈尔斯，生产钛质产品，工人人数超过 2 000 人。多年来，公司不景气，生产效率低下，利润微薄。但在最近五年，它却取得了引人注目的成功。

公司的变化是从"大个子吉姆"被任命为公司总经理时开始的。此人原是一名职业足球运动员、克利夫兰市一球队的队长。他来公司后，推行以人为中心的生产率改进计划。《华尔街日报》把他的计划说成是"不折不扣的老一套，是矫揉造作、大堆口号、广结善缘、逢人就笑的大杂烩"。他的工厂里遍贴着这类标语："人若板着脸，你以笑脸迎""不爱那一行，断难有成就"等，标语上全签上"大个子吉姆"的大名。

事情就这么简单。公司的标志就是一张满面春风的笑脸，无论是在厂房的正墙上、厂内的标示牌上，还是使用的文具或工人的安全帽上都有。"大个子吉姆"大部分时间都开着一辆小车在厂里视察，跟工人们招手、开玩笑、直呼其名，亲昵极了。他还花不少时间同工会搞好关系，让工会参加他的会议，让工会了解厂里在干什么，当地工会主席对他大为赞赏。

这样做的结果是，过去三年，他几乎未花更多的投资，却使生产效率几乎提高了80%。他手里的工会投诉案件，从他接手工厂前的约300件降到现在的20件左右。他的用户（如诺思罗普飞机公司）说，"大个子吉姆"无非就是对他的用户和职工们表示高度关怀罢了。

**分析问题：**

1. 你认为"大个子吉姆"所推行的是否是一种公司文化？其主要内容是什么？

2. "大个子吉姆"推行的公司文化何以能使公司取得巨大成功？

# 第 五 章
# 组织的决策

## 一、本章内容指点

我们首先要说明为什么将决策一章列入总论篇而不列入职能篇，即将决策视为管理的核心问题而不作为管理的一项独立的职能。在第一章第二节中已指出，有些管理学者将决策定为管理的一项职能，同计划、组织、领导等职能并列。但是我们却遵从决策学派管理理论的观点，认为决策贯穿于管理的各方面和全过程，在计划、组织、领导等职能中都有着大量的决策问题，"决策同管理几近同义"，所以不可将决策看作管理的一项独立职能，而应看成管理的核心问题，从而把本章纳入总论篇而非职能篇。

本章先介绍决策的概念、特征和分类，接着较详细地讨论重大问题决策的程序步骤，以及决策的原则和要求。在原则部分，满意原则和集体决策与个人决策相结合的原则是极为重要的。在要求部分，"正确决策来源于议论纷纷，众口一词则常带来错误的决策""没有不同意见，就不做决策"等至理名言值得管理者们牢记。

最后，介绍了定性决策法和定量决策法，他们适用于不同的决策，所以应根据实际情况选择采用，有时也可以结合起来运用。

各级管理者都肩负着决策的任务，因此，往往被称为决策者。希望他们都重视决策问题，特别是决策的民主化和科学化。

## 二、基本知识勾勒

决策的概念、特征和分类
决策的程序步骤
决策的原则和要求
定性决策的方法
确定型决策的定量决策法
风险型决策的定量决策法

不确定型决策的定量决策法

## 三、学习目的要求

学习本章的目的要求是：

了解：决策的概念、特征和分类。

理解：决策是否管理的一项职能，决策的程序步骤。

掌握：决策的原则和要求，决策方法的基本原理。

运用：联系实际运用决策的原则和要求；运用量本利分析法、决策树法等解决决策问题。

## 四、重点难点解析

### （一）决策的概念

决策是指组织或个人为了实现某个目标（或解决某个问题）而对未来一定时期内活动的方向、方式方法做出的选择或调整过程。

理解此概念，有四个要点：

（1）决策主体可以是组织，也可以是个人；其目的是实现某目标或解决某问题；

（2）决策的内容可能涉及未来活动的方向，也可能涉及活动的方式方法；

（3）决策既可以是对未来活动的初始选择，又可以是在活动过程中对初始选择做出的调整；

（4）决策既非单纯的"出谋划策"，又非简单的"拍板定案"，而是一个多阶段的分析判断过程。

### （二）决策是否管理的一项职能

对这一问题，人们的看法各异。有的学者将决策视为管理的单独职能，与计划、组织、领导等职能并列。但决策学派却认为决策贯穿于管理的各方面和全过程，即贯穿于计划、组织、领导等职能之中而不能单独抽出来作为一项职能。

我们赞同决策学派的看法。社会组织行使的每一项管理职能，都内含着决策。例如计划职能，在组织的方针、目标、计划、战略等的制定中，就有大量的决策问题。又如组织职能，组织结构的设计、管理幅度大小、集权分权的程度等，都需要做出决策。又如领导职能，领导者对领导方式和激励方式的选择，就是决策问题。其他如人事、控制、协调、创新等职能，情况也是如此。

因此，决策是同管理各职能紧密结合在一起的、不能分割的。假如将决策从各职能中抽出来，作为一项单独职能，则不但会把计划、组织等职能的重要内容抽空，而且会导致决策这一职能的目的性不明，这显然是不当的。因此，我们不把决策看作管理的一项职能。尽管如此，我们肯定决策是管理的核心问题，设专章去研究，这就仍然表明了对决策的高度重视。

### （三）决策的特征

决策主要有六个特征：

（1）目的性。决策总是为了解决一定的问题或实现一定的目标。弄清这个问题或目标，是决策的前提。

（2）超前性。决策是针对未来行动的，要求决策者有"超前意识"，目光敏锐，预见到事物发展趋势，适时地做出决策。

（3）选择性。决策的实质是选择。要能有选择，就必须有两个以上可供选择的方案。如只有唯一的方案，就无所谓决策。

（4）可行性。决策所依据的资料和数据必须较为准确、全面；方案本身有实施的条件；决策的实施能解决预定的问题或实现预定目标。

（5）过程性。决策是一个多阶段的分析判断过程，而且组织决策通常不是一项决策，而是一系列决策的综合。

（6）动态性。组织的内外部环境在不断变化，决策是一个接着一个、动态发展的，并非一劳永逸。

### （四）决策的分类

决策可按不同的标准来分类。

如按主体来划分，决策分为个人决策和组织决策。我们这里侧重研究组织决策。

如按其重要程度来划分，决策可分为战略决策和战术决策。战术决策又可细分为管理决策和业务决策。

如按是否初次选择来划分，决策可分为初始决策和追踪决策。追踪决策是在初始决策实施后对初始决策做出调整或变革的决策。

如按所要解决的问题的重复程度来划分，决策可分为程序化决策（常规决策、例行决策）和非程序化决策（非常规决策、例外决策）。

如按问题所处的条件及可靠程度来划分，决策可分为确定型决策、风险型决策和不确定型决策。

### （五）决策的程序

典型的决策程序可划分为下列六个阶段：

（1）确定目标。这是在对组织内外部环境进行调研的基础上，提出决策希望解决的问题或企图达到的目标。要考虑目标的"质"的要求和"量"的要求，处理好多目标的关系。

（2）收集情报。这是针对上一阶段确定的目标，通过多种途径，收集组织内外有关的情报资料，为拟订和评估可行方案作准备。要注意情报资料的广泛性、客观性、科学性和连续性。

（3）拟订方案。这就是在对大量情报资料进行科学分析的基础上，拟订出可能解决预定问题、达到预定目标的两个以上的可行方案。方案要尽可能多一些，以利评估和选择。

（4）评估方案。这是对每个待选方案按决策目标要求，从各方面评估其执行结果的分析论证过程。它包括价值论证（可能带来的价值或问题）、可行性论证（是否具备实施的时机和条件）和应变论证（估计原有条件发生变化，能否提出应变措施）。

（5）选择方案。这是在比较诸方案优劣的基础上选择一个满意方案的过程。它包括确定评价标准、选用决策方法、鉴定与实验等步骤。

（6）实施方案。决策的制定是为了付诸实施。要制订实施方案，慎选实施人员，明确实施责任，在实施过程中加强信息反馈和控制。

必须补充说明以下几点：

（1）上述程序属于解决重大问题的典型程序；如决策不太重大或复杂，则有些阶段可合并，例如将拟订方案和评估方案，或将评估方案和选择方案合并在一起。

（2）一般情况下，决策程序按上述阶段依次进行，但有时某些阶段会发生逆转。例如在拟订方案时发现情报资料不够充分，于是重新收集；有时在选择方案时发现新的分支问题，从而需要重新收集情报，重新拟订方案。

（3）上述各阶段中，并非只有第五阶段才是决策问题。事实上，决策贯穿在每一个阶段。如确定目标、收集情报、拟订方案、评估方案等阶段，都内含着决策。所以，一个决策过程乃是一系列决策的综合。

（4）决策最终是由决策者"拍板"，但其间也凝聚了广大员工集体的智慧和劳动。确定目标和选择方案两个阶段基本上是决策者本人的活动，但其余四个阶段则是广大员工参与的活动，是决策者交给广大员工的任务。因此，决策尤其是重大决策，是一种集体行为，是民主集中的过程。不过，这并不降低决策者个人的作用和责任，决策的每一阶段都有他的参与，都体现其个人意志，因而决策正确与否将充分反映其管理水平和素质的高低。

**（六）决策的原则**

1. 满意原则

满意原则是针对"最优化原则"提出的。"最优化"的理论假设是把决策者作为完全理性化的人，决策是他以"绝对的理性"为指导，按"最优化原则"行事的结果。但是处于复杂多变环境中的组织及其决策者，要对未来做出"绝对理性"的判断，必须具备下列条件：

（1）决策者对相关的一切信息能全部掌握；

（2）决策者能对内外环境的发展变化进行准确预测；

（3）决策者对可供选择的方案及其后果能完全知晓；

（4）决策不受时间和其他资源的约束。

这四个条件对任何决策者都不可能完全具备，因此，决策不可能是"最优化"的，只能要求是"令人满意"或"足够好"的。

我们讲的"满意"决策，就是能满足合理目标要求的决策。具体说来，有以下内容：

（1）决策目标追求的并非使组织及其业绩达到理想的完美，而是使其能得到切实的改善，实力得到增强；

（2）决策备选方案不是越多、越复杂越好，而是要满足分析对比和实现决策目标的要求，能较充分地利用外部环境中的机会，较好地利用内部资源；

（3）决策方案选择不是要求利用一切机会，避免一切风险，只是要求"两利相权取其大，两弊相权取其小"，使风险可以承受。

2. 层级原则

社会组织内部一般都分设管理层次，各层次的管理者都分担一定责任，享有相应职权，其中包括决策权。组织的决策是分层级进行的，并非全部集中由高层管理者完成，各个管理层级都有决策，只是其范围和重要程度不同而已。

3. 系统原则

这就是在决策工作中运用系统论原理，首先将决策对象视为一个系统，以系统的整体目标为核心，追求整体目标满意为目的；其次，强调系统内部各层次、要素、项目之间的关系要协调；最后，要建立反馈系统，动态平衡。

4. 集体决策和个人决策相结合的原则

集体参与决策的优点是集思广益，利于提高决策质量；其缺点是耗时较长，成本较高，容易出现无人负责的情况。个人决策的优点是耗时少，当机立断，责任明确；其缺点则是信息不充分，主观成分重，容易出偏差，且不易调动其他成员的积极性和创造性。

因此，应当将集体决策和个人决策结合起来，按照决策对象的范围、要求、重要程度等的不同，分别由集体或个人做出决策。重大问题必须集体决策；个人决策也要多听取群众意见，特别是不同意见，防止独断专行。这是决策民主化的要求。

## （七）决策的要求

美国已故著名管理学者德鲁克为高层管理者推荐有效的决策五要素，我们理解为决策要求：

（1）弄清问题的性质。要分清经常出现的例行问题和偶然发生的例外问题，分别采用程序化和非程序化的决策办法去处理。

（2）了解决策应遵循的规范。规范包括目标（目的）和条件。规范说明得越清楚，则据以做出的决策越有效。

（3）仔细思考，正确决策。为了正确决策，必须善于听取不同意见，特别是反面意见，洞悉问题的方方面面，考虑尽可能多的事态发展。正确的决策来自议论纷纷，而众口一词则常常带来错误决策。好的决策应以互相冲突的意见为基础，从不同的观点中进行选择。决策时应坚持一个原则：没有不同见解，就不做决策。

（4）化决策为行动。在做出决策后，应制定其实施规划，按照规划去实施决策。

（5）对决策实施过程实行控制。建立实施过程的信息反馈制度，及时了解过程动态和环境变化，采取必要措施，保证达到决策目标，以及在必要时重新做出决策。

## （八）定性决策的方法

定性决策法就是主要依靠决策者个人或集体的知识、经验、能力、直觉和他们所掌握的信息资料，来判断、鉴别备选方案进行决策的方法。此法普遍应用于战略决策、非程序化决策、风险型决策和不确定型决策；在其他决策中，也同定量决策法结合起来应用。

教材上介绍的三种定性决策法（淘汰法、环比法和归类法），实际上都是淘汰或筛选法，或根据一定的评价标准，或通过方案互相比较，优胜劣汰，最后选出满意方案。这里虽有简单的计算，但主要是依靠决策者的知识、经验等做出判断。

## （九）确定型决策的定量决策法

定量决策法是应用现代科学技术成就（运筹学、统计学、管理科学、计算机等），对备选方案进行定量的分析计算，从而选择出满意方案的方法。此法在战术决策、程序化决策、确定型决策和风险型决策中得到广泛应用，有时同定性分析法结合起来应用。

确定型决策的特点是，其备选方案的实施只存在一种自然状态，方案实施的后果都能确定，因而便于相互比较，做出决策。这种决策常采用定量决策法，教材上介绍了以下两种：

（1）直观判断法最为简单，并无分析计算，仅比较方案的已有数据即可做出判断，所以也可算作定性分析法。

（2）量本利分析法（盈亏平衡分析法）是管理会计的重要内容，主要应用于企业生产计划安排和成本控制中的决策。其基本原理是区分固定成本和变动成本，将销售收入与变动成本的差额称为边际贡献。边际贡献首先用于补偿固定成本，如刚好补偿，则企业不亏不盈（保本）；如补偿之后尚有余，则企业盈利；如补偿不了，则企业亏损。（理解教材上的图5-2，最为重要）

基本公式：$Z = C + V \cdot X$

$$I = S \cdot X$$

$$P = I - Z = S \cdot X - V \cdot X - C = X(S-V) - C$$

$$X_0 = \frac{C}{S-V}$$

$$I_0 = \frac{C}{1 - \dfrac{V}{S}}$$

式中：$Z$ 指总成本；

　　　$I$ 指销售额（或产值）；

　　　$C$ 指固定成本；

　　　$V$ 指单位产品变动成本；

　　　$S$ 指产品单价；

　　　$X$ 指销售量（或产量）；

　　　$P$ 指利润；

　　　$X_0$ 指盈亏平衡时的销售量（或产量）；

　　　$I_0$ 指盈亏平衡时的销售额（或产值）；

　　　$S-V$ 指单位产品的边际贡献；

　　　$1 - \dfrac{V}{S}$ 指单位产品的边际贡献率。

### （十）风险型决策的定量决策法

风险型决策的特点是，备选方案的实施存在着两种以上的自然状态，不同的自然状态会得出不同的实施后果。风险型决策会因后果不确定而存在风险，不过各自然状态出现的概率可以预测。教材上介绍的这种决策的定量决策法为决策树法，附带介绍常用的敏感性分析。

（1）决策树法是以图解方式，通过分析计算各备选方案在不同自然状态下的平均期望值来进行决策的方法。此法具有直观感，便于集体决策，运用最为广泛，尤其适用于比较复杂的决策问题。

决策树法的基本原理是用图形反映出各备选方案、方案实施时的不同自然状态及其出现的概率、在不同自然状态下各方案的实施后果（期望值）以及各方案实施所需投资。然后按下列公式计算各方案的平均期望值：

$$\text{备选方案的平均期望值} = \sum \text{该方案在某自然状态下的年期望值} \times \text{该自然状态出现的概率} \times \text{方案的有效利用期（年数）}$$

将各方案的平均期望值扣除实施所需投资得出的余额相比较，余额最大者应为满意方案，其余方案被舍弃（在图上表现为"剪枝"）。

（2）敏感性分析是用于研究决策方案受自然状态概率变动的影响程度的方法。如概率稍有变动，方案期望值就有大变动，甚至导致改变决策方案，这就被认为是敏感的，决策不稳定而风险较大；反之，就是不敏感的，决策较稳定且风险较小。

进行敏感性分析，首先要如教材所举例计算转折概率。如方案的预测概率大于转折概率，则方案可以进行；反之，则不宜进行。我们还希望预测概率尽可能大于转折概率，这就应进一步计算敏感性系数（即转折概率与预测概率之比值）。敏感性系数越小，说明预测概率较转折概率大得多，方案稳定而风险小；反之，敏感性系数大，则方案不稳定而风险大。

### （十一）不确定型决策的定量决策法

不确定型决策类似于风险型决策，其特点是各自然状态出现的概率都不能预测，因而方案后果极不确定。此类决策常用定性决策法，但也可用一些定量决策法作辅助。这里介绍三种定量决策法：

（1）最大最小值法又称悲观决策法，是思想保守的决策者常用的方法。其原理是先考察各方案在不同自然状态下的最小收益值，然后比较各方案的最小收益值，选择其中最小收益值为最大者的那个方案为满意方案。这就是说，决策者从最坏处着想，力求在最坏的情况下收益较大（或损失较小）。

（2）最小后悔值法是以各方案的机会损失大小对比来进行决策的方法。在决策过程中，当某个自然状态出现时，决策者当然希望选择当时收益最大的那个方案，如未选这个方案而另选其他方案，定会感到后悔。这时其他方案的收益值与收益最大方案的收益值的差额，就是其他方案的后悔值（即其机会损失）。我们可按此原理先计算各方案的后悔值，然后再比较各方案的最大后悔值，选择最大后悔值为最小的那个方案为满意方案。这就是说，力求将机会损失降到最小。

（3）机会均等法是主观假定各自然状态出现的概率相同、然后计算各方案的平均期望值来决策的方法。这实在是一种迫不得已的办法，当然选择平均期望值最大的那个方案为满意方案。

必须指出的是，同一个决策问题，因采用的方法不同，选择的方案就可能不同。所以需要决策者作定性分析判断，同时也可多用几种方法将得出的结果作比较。

## 五、练习题汇

### （一）单项选择题

1. 主要由组织的基层管理者负责的决策是（　　　）。
   - A. 战略决策
   - B. 管理决策
   - C. 业务决策
   - D. 非程序化决策

2. 采用有效的组织形式，充分依靠决策者的学识、经验、能力、直觉等来进行决策的方法，称为（　　　）。
   - A. 定性决策法
   - B. 定量决策法
   - C. 量本利分析法
   - D. 决策树法

### （二）多项选择题

1. 不确定型决策的主要方法有（　　　）。
   - A. 量本利分析法
   - B. 最大最小值法
   - C. 最大可能法
   - D. 最小后悔值法
   - E. 机会均等法

2. 决策按所要解决问题的重复程度来划分，可分为（　　　）。
   - A. 程序化决策
   - B. 非程序化决策
   - C. 确定型决策
   - D. 风险型决策
   - E. 不确定型决策

### （三）判断分析题

1. 组织的战略决策往往属于确定型决策，而业务决策一般属于风险型或不确定型。

2. 决策过程的各阶段都属于决策者的个人行为。

### （四）简答题

1. 你认为决策是管理的一项职能吗？

2. 有人说：正确的决策来自议论纷纷，而众口一词则常常带来错误的决策。你同意这种说法吗？为什么？

### （五）论述题

1. 试论决策的满意原则。

2. 试述量本利分析法的基本原理。

### （六）计算题

1. 某电视机厂的某型号平板电视机销售单价为 1 万元/台，单台变动成本为 0.6 万元/台，应分担固定成本为 400 万元。试问盈亏平衡时的销售量（产量）为多少？销售收入（产值）为多少？若安排明年销售（生产）2 000 台，试问能否盈利？利润为多少？

2. 某洗涤剂厂生产某种已试制成功的新产品，拟新建车间，有两个方案：一为建大车间，需投资 300 万元，初步测算，销路好时，每年可获利 100 万元，销路不好时则每年将亏损 20 万元；二为建小车间，需投资 140 万元，销路好时每年可获利 40 万元，销路不好时仍可获利 30 万元。根据初步市场预测，新产品销路好的概率为 0.7，销路不好的概率为 0.3。无论大小车间，服务期限均以 10 年计。请进行决策。

3. 某企业拟将某产品推向四个市场，估计销路有三种状态，其概率很难预测。经测算，推向四个市场的收益值如表 5-1 所示。试问应优先推向哪一个市场？

表 5-1      将某产品推向四个市场的三种销路的收益值

| 收益值（万元）　　　自然状态　　　市场 | 销路好 | 销路一般 | 销路差 |
|---|---|---|---|
| A | 100 | 50 | −20 |
| B | 80 | 30 | −10 |
| C | 150 | 60 | −40 |
| D | 75 | 25 | −5 |

注：请采用最大最小值法和最小后悔值法来决策

### （七）案例分析题

**案例 1：某印刷厂的有效性和效率决策**

某印刷厂主要从事报纸广告插页的印刷，这些广告是超级市场、杂货连锁店和廉价商店登载的。这项业务占该厂当年销售额的 70%。此外，该厂还从事专业印刷，大部分是优质的彩色广告、商品目录和百货公司的（推销）传单。插页业务对价格极为敏感，且利润率低。专业印刷需较高的技巧，用户对价格不过分看重，因而利润率较高。

这个厂的厂长过去一贯追求销售额的增长，着重发展量大而低利的插页业务。现在他想设法提高销售利润率，以增加盈利。为此他去请教了厂顾问。

厂顾问向他介绍，有两类企业的资金利润率较好：第一，"讲求有效性"的经营者，他们通过产品差别化、广告和用户服务，去开拓一个不大但利润率较高的市场；第二，"高效率"的经营者，他们以价格来竞争，用最低的成本和价格去争取尽量大的市场占有率。印刷厂实际面临两个市场，插页业务是效率型市场，专业印刷则属于有效性市场。由于工厂现有设备能力有限，如出高利去贷款以扩大能力也不一定合算，所以需要在插页业务与专业印刷之间做出选择。

单搞插页业务或单搞专业印刷，都将在未来一段时期内产生不利的后果，丢掉了的业务是难以恢复的。如决定单搞专业印刷，则工厂的销售额将显著下降，因为可能承接的专业印刷业务肯定不会有插页业务那样多。要在两者之间做出选择，看来是一个艰难的战略决策。

**分析问题：**

1. 这个厂要进行这项决策，必须在外部环境和内部条件的哪些方面进行调研和预测？

2. 如果你是厂长，你将如何做出决策？

3. 这个厂有无其他途径去提高销售利润率，增加盈利？

**案例 2：国际农业机械公司**

国际农机公司长期生产和销售农业用机器，规模宏大，跨国经营。公司总裁对过去的成功感到满意。在一次来自全球各地的经销商会议上，大家都建议这位总裁扩大产品品种，以满足用户复杂多变的需求。

总裁是工程技术人员出身，他想到扩大品种必将加大研究与开发的投资，要花费巨资去改造现有的生产线，要增加零部件的库存，工人也需要重新培训。他又想到现有的产品品种虽不多，但毕竟已经取得了成功，可以考虑不扩大品种而去改进现有产品，降低其成本和价格。可是为什么经销商们（还有公司的市场营销人员）那样强烈地建议自己去扩大产品品种呢？现在是该认真考虑这个问题的时候了。

**分析问题：**

1. 总裁在做出决策前需要进行哪些方面的调查研究？

2. 在调研之后，总裁可能做出什么决策？

# 下篇　职能篇

# 第 六 章
# 计　划

## 一、本章内容指点

从本章开始，直到第十二章，将分别讨论管理的七大职能。从计划讲起，因为它是领先的职能。

本章首先介绍计划工作的概念、重要作用、任务和内容。应注意的是，从狭义上看，计划工作包含目标、计划、战略和预算；如从广义上看，则把使命（宗旨）、方针政策、程序、规章制度等均包括在内，因为它们像计划一样，需要策划、制定和组织实施，而且对目标、计划、战略等起着指导、约束的作用。本章讨论的是狭义的计划工作。

关于目标，介绍了其概念、多元化和排出优先顺序，目标的时间、结构和衡量标准。接着突出介绍了目标管理这一现代化管理方法，包括其基本原理、实施程序、重要作用和执行中需注意的问题。这种管理方法适用于各类社会组织，经引入我国后，取得了丰富的经验。

最后介绍战略规划。强调了其重要作用，并以企业为例，分析了战略规划的三个层次（这是较大规模的企业已分设战略经营单位的情况，如企业规模小，未设战略经营单位，则只有两个层次）。这三个层次，简要说明了战略规划制定和执行中的一些问题。在高校管理类专业，在其高年级已开设"战略管理"课程，对战略规划还将着重研究，此处所学知识可视为打基础。

## 二、基本知识勾勒

计划职能的重要地位
计划工作的任务和内容
目标的多元化和优先次序
目标的时间、结构和衡量标准
目标管理的基本原理
目标管理的实施程序

目标管理的重要作用及其执行中应注意的问题

战略规划的重要性及其焦点

战略规划制定和执行的原理

# 三、学习目的要求

学习本章的目的要求是：

了解：计划职能在管理中的重要地位，计划工作的任务和内容；目标的多元化和优先次序。

理解：目标的时间、结构和衡量标准；目标管理的重要作用及其执行中应注意的问题；我国推行目标管理的新经验；战略规划的重要性及其焦点。

掌握：目标管理的基本原理和实施程序；战略规划制定和执行的原理。

运用：联系实际说明计划职能和战略规划对社会组织的极端重要性。

# 四、重点难点解析

## （一）计划职能在社会组织中的重要地位

可从下列几方面去分析：

（1）组织使命的实现必须有计划。计划围绕着实现组织使命而进行，为使命服务。

（2）计划贯穿于组织系统的各方面，贯穿于组织活动的始终。计划性成为整个管理活动的原则，制订和实现计划是管理过程的基本内容。

（3）计划职能具有领先性，为实现其他管理职能提供基础。先有目标和计划，才知道需要什么组织结构，如何领导和用人，如何进行控制等。

（4）计划是调节和稳定组织同其他组织相互关系的工具。这就有利于本组织业务活动和相关组织的活动都能顺利进行。

## （二）计划工作的任务和内容

计划工作的基本任务就是实现组织的使命。具体说来，主要任务是确定目标、分配资源、组织业务活动、提高（经济和社会）效益。

从广义看，计划工作的内容或类型包括使命或宗旨、目标、战略、方针政策、规章、程序、规划或计划、预算等。它们之间是一种相互关联的多层次关系。

## （三）目标的多元化和优先次序

当今社会组织生存于一定的社会环境中，若干不同的利益集团都对组织活动产生影响，对组织目标提出不同的要求，因而组织的目标不是单一而是多元化的。例如我国企业的总体目标就包括贡献、市场、发展、利益等目标，每一类又包括若干具体目标。

目标既然是多元化的，就需要按主次轻重排出次序，以便保证重点，照顾一般。不过，这项工作比较困难，原因是：①目标的性质多种多样，不同质的目标难以进行比较从而难以排出优先次序；②目标数量大而相互联系强，难以截然分开；③有些目标清晰度不足，不易相互比较；④还必须考虑目标的衡量标准与目标性质要求的一致性。尽管如此，管理者仍然应当尽可能排出次序。

### （四）目标的时间、结构和衡量标准

目标的时间长度不同，一般可分为短期（一年以下的）目标、中期（一年至五年）目标和长期（五年以上的）目标。一个组织的这些目标应相互联系，一般应当先定长期目标，再定中、短期目标，"长"指导"短"，"短"保证"长"。组织要按照不同时间长度的目标制订相应的不同时间长度的计划。

社会组织一般分设若干管理层次和部门，这就要求为每个层次、每个部门直至每个工作岗位都制定目标，这就形成总体目标到中间目标再到具体目标的目标体系，各中间目标、具体目标之间又都紧密联系。组织的目标体系会对各部门员工产生推动（导向）力、向心（凝聚）力和激励力，因而具有重要作用。

有效的管理要求目标是可以衡量的，衡量的标准是：①尽可能是定量化的；②对难以定量的，可以定性化（但要求详细具体）；③标准应与目标性质的要求一致。

### （五）目标管理的基本原理

目标管理是从 20 世纪 50 年代开始在西方企业中运用的现代化管理方法，我国于 80 年代初引进，现已普遍推广。目标管理是以"目标"作为组织管理一切活动的工具，它要求在一切活动开始之前首先制定目标，一切活动的进行要以目标为导向，一切活动的结果要以目标完成程度来评价，充分发挥"目标"在组织激励机制和约束机制形成中的积极作用。

目标管理的基本原理是：①组织内部一切部门、单位和员工都必须有目标，形成完整的目标体系，并用以指导、推动和衡量他们的工作；②各部门、单位和员工的目标并不是由他们各自的上级用分配任务的办法加以规定，而是由他们自己根据其上级的目标，结合自身实际情况提出建议，报请上级审核平衡确定，也就是说，是上下结合来制定的。这是行为科学理论的运用：自己制定的目标更有利于发挥自身的积极性。

### （六）目标管理的实施程序

目标管理的实施过程可分为两阶段：一为目标制定，另一为目标实施。每个阶段又可细分为若干步骤。目标管理程序示意如图6-1所示。

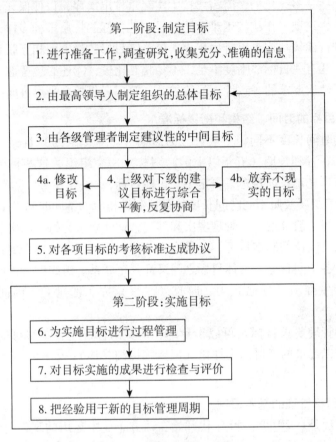

**图6-1　目标管理程序示意图**

　　注：图中的第3、4、5步骤是分管理层次依次进行的，每个层次都有一个上下级协商过程，此图作了简化；第3步骤所列的中间目标，在基层和员工岗位则为具体目标。

### （七）目标管理的重要作用及其执行中应注意的问题

目标管理有以下几方面的重要作用：

（1）能提高计划工作的质量；

（2）能改善组织结构和授权；

（3）能激励职工努力完成任务；

（4）能使控制职能更有成效。

为了充分发挥目标管理的重要作用，在其执行中应注意解决以下问题：

（1）最高管理层要亲自参与目标管理规划的制定（不应简单地交给计划

或人事部门），并积极宣传和指导规划的执行。

（2）即将执行目标管理的管理者要具备一定的条件，对目标管理有较为深刻的认识。

（3）目标管理的执行，要求上下左右之间加强沟通协调，使执行的阻力减少到最小程度。

（4）要解决好在执行中经常遇到的问题，例如重视短期目标而忽视长期目标，重视定量化目标而忽视定性化目标，在内外环境变化迅速时及时调整修订目标等。

### （八）我国推行目标管理的新经验

这些经验主要有：

（1）将目标同组织的方针结合起来，形成"方针目标管理"，强化方针对目标制定和实施过程中的指导作用；

（2）将目标管理同组织的责任制、行政领导人的任期目标责任制结合起来，强化了责任制；

（3）将目标管理同计划管理、质量管理、经济核算等项工作结合起来，使各项管理工作有了更明确的方向；

（4）将目标管理同劳动人事管理结合起来，利于强化劳动纪律，使职工的奖惩及工资奖金分配有了更加科学的标准。

### （九）战略规划的重要性及其焦点

战略是组织全局的、长期的谋划，它在深入调研组织内外部环境的基础上，发现组织的优势与劣势和面临的机会与威胁，从而设法去发挥优势，克服劣势，抓住机会，避开威胁。战略的规划是相对于战略的实施而言的，先规划后实施。

战略是组织的大政方针，关系到组织的兴衰成败，因此，战略规划十分重要。有了此规划，组织才有长远的发展方向，才有可能充分发挥自身优势去抓住面临的机遇，克服劣势，避开威胁，确保组织的生存和发展。

战略规划有几个应当注意的焦点：

（1）规划的范围。有三个层次的规划：企业总体规划、经营单位规划和职能性规划，它们的范围各有不同。

（2）增加价值。成功的企业将使企业增值。

（3）卓越能力和竞争优势。战略就是要培育和发挥企业的卓越能力，去赢得竞争优势，以实现企业增值。

（4）配置资源。规划要做到充分利用组织有限的资源。

（5）协同增益。整体效益大于各部分效益之和，这便是协同增益。规划应当考虑并努力去实现协同增益。

**（十）战略规划制定和执行的原理**

（1）战略规划的制定必须特别重视对组织内外部环境的深入调研，尽可能地掌握丰富、客观、准确的信息，发现组织自身确实存在的优势和劣势，以及组织面临的机会和威胁。

（2）企业总体战略规划着重谋划其发展方向和经营业务组合。发展方向包括向前发展、维持现状和退却收缩。经营业务组合则包括单一经营、多元化经营等。此外，还有经营地域上的考虑，包括本地性、地区性、全国性、全球性等。

（3）经营单位战略规划是在企业总体规划指导下对本经营单位（例如事业部、分公司）的竞争战略做出的规划。按照哈佛大学教授波特提出的模式，竞争战略主要包括成本领先、差异性和集中性三种类型。按照通用经营战略模式，竞争战略可分四种类型：开发型、防守型、分析型和被动型。

（4）要重视战略的规划，同样要重视战略的执行。在执行过程中，一方面要继续关注外部环境的发展变化，留意新的机会和威胁；另一方面要对组织内部诸因素（包括管理者的领导能力、组织结构设计、组织文化、员工的士气、管理的基础工作等）不断进行完善，促进战略的执行取得预期成果。一旦发现原战略不能适应新环境，就应及时变革战略。

56

# 五、练习题汇

**（一）单项选择题**

1. 具有领先性的管理职能是（　　　）。
   A. 决策　　　　　　　　　B. 计划
   C. 领导　　　　　　　　　D. 组织

2. 目标管理的一个鲜明特点是运用了（　　　）。
   A. 科学管理理论　　　　　B. 行为科学理论
   C. 决策学派理论　　　　　D. 组织文化理论

**（二）多项选择题**

1. 组织的目标体系包括的要素是（　　　）。
   A. 长期目标　　　　　　　B. 短期目标
   C. 总体目标　　　　　　　D. 中间目标
   E. 具体目标

2. 目标管理的重要作用是（　　　）。

A. 能提高计划工作的质量

B. 能改善组织结构和授权

C. 能确定、检验和评价各种目标

D. 能激励职工努力去完成任务

E. 能使控制职能更有成效

## （三）判断分析题

1. 一个组织制定其目标，一般是先定短期目标，再定长期目标。

2. 战略规划是一个组织长远战略的规划，一切组织所必需的规划。

## （四）简答题

1. 计划工作的基本任务和具体任务是什么？

2. 我国推行目标管理有哪些经验？

## （五）论述题

1. 试述目标管理的基本原理。

2. 企业的总体战略规划和经营单位战略规划各自着重解决什么问题？

## （六）案例分析题

**案例1：蓝天公司引进战略规划观念**

蓝天公司在20世纪80年代引进国外生产线，生产和经营某种电子装备，前几年效益很好，但进入90年代以后，效益呈逐年下降趋势。

公司董事会最近任命李平博士为总经理，希望他能推行战略管理，振兴公司经济（蓝天公司从未搞过战略规划，而在李平从前担任副总经理的那家公司里，战略规划早已成为管理过程中不可缺少的部分）。通过调查了解，李平认为蓝天公司的前景堪忧，因为它的产品单一，工艺技术已落后，而市场竞争激烈，有些竞争对手的产品性能比蓝天的更好；如不对公司今后的发展作认真的考虑，蓝天公司有可能被无情的市场所淘汰。而该公司的前任总经理们几乎没有采取任何步骤去考虑公司的未来，他们总是假定，公司将继续做正在做的事，永远如此。

李平在致力于把战略规划观念引入蓝天公司时，遇到了很大的阻力。尤其是一些不断重复的异议来自各级管理人员，这是从前任总经理们那里继承下来的：

"由于不确定性，我们公司确实不能做规划。我们不知道下周星期二将发生什么事，更不用说三年、四年、五年以后了。

"如果你太注重规划，那就什么事都做不成。规划属于梦想家，属于喜好幻想的工商管理硕士（MBA）类型的参谋人员，而不属于实干家。

"我们没有时间做规划。这会把太多的注意力从日常工作上移开，而日常决策才是基层的突出的工作。"

李平似乎无法使其下属们相信，规划的目的也是帮助管理者更好地做出当前的决策，并不完全是为了将来。

**分析问题：**

1. 你能对李平听到的各种异议做出有说服力的反驳吗？

2. 李平有可能使各级管理人员接受战略规划观念吗？他或许将不得不撤换大多数管理干部特别是高级管理干部吗？

3. 假如你是李平，你将在组织上、人事上和程序上采取什么措施，以着手推行战略规划？

**案例 2：诸葛亮的"隆中对"**

公元 207 年，刘备"三顾茅庐"请诸葛亮出山。亮当时仅 27 岁，为刘的诚意所感动，向刘提出了被誉为"一对足千秋"、影响一个历史朝代的"隆中对"。"隆中对"是我国历史上政治、军事战略决策的典型。下面是"隆中对"的全文：

自董卓以来，豪杰并起，跨州连郡者不可胜数。曹操比于袁绍，则名微而众寡，然操遂能克绍，以弱为强者，非唯天时，抑亦人谋也。今操已拥百万之众，挟天子而令诸侯，此诚不可与争锋。

孙权据有江东，已历三世，国险而民附，贤能为之用，此可以为援而不可图也。

荆州北据汉、沔，利尽南海，东连吴、会，西通巴、蜀，此用武之国，而其主不能守，此殆天所以资将军，将军岂有意乎？

益州险塞，沃野千里，天府之土，高祖因之以成帝业。刘璋暗弱，张鲁在北，民殷国富而不知存恤，智能之士思得明君。

将军既帝室之胄，信义著于四海，总揽英雄，思贤若渴，若跨有荆、益，保其岩阻，西和诸戎，南抚夷越，外结好孙权，内修政理，天下有变，则命一上将将荆州之军以向宛、洛，将军身率益州之众出于秦川，百姓孰敢不箪食壶浆以迎将军者乎？诚如是，则霸业可成，汉室可兴矣。

**分析问题：**

1. 为什么说"隆中对"符合系统论的思想方法？

2. 诸葛亮在"隆中对"中提出了一个什么战略决策？这个决策有几个实施步骤？

3. 诸葛亮的战略决策是否得到实现？如未能完全实现，原因是什么？

# 第七章
# 组　织

## 一、本章内容指点

社会组织在明确使命、制定出其目标和计划之后，就应将实现目标计划所必需的业务活动进行分类，设计出职务和岗位，并加以适当组合，建立组织机构，划分管理层次，明确各层次、机构的职责和权限，以及他们相互间的分工协作关系和信息沟通方式，形成正式的组织结构，并使之正常运行起来。这便是组织职能的工作内容。

本章首先介绍组织的概念、组织工作的内容以及组织工作的原则。在原则部分，先简介西方管理学者提出的原则（联系第二章前二节的相关内容来理解）；然后着重介绍我国公有制组织的组织工作原则：民主集中制、责任制、加强纪律性、精简高效。

其次讨论组织结构的设计问题，可划分为三部分。第一部分为组织结构概述，包括组织结构的概念、其设计的影响因素、工作程序、现有组织结构的多种形式、他们各自的优缺点和适用范围。这些可视为设计组织结构之前应具备的基本知识。第二部分为组织结构设计的具体工作：①科学分工和职务设计；②研究管理幅度，建立管理层次，设计出纵向管理系统；③考虑为各管理层次设置职能机构（或人员），设计出横向管理系统，纵横系统相结合，即构成组织结构的整体框架；④规定各层次、机构的职责和职权，这就要讨论影响集权分权程度的因素、不同管理业务的常见分权度、授权的原则和艺术等。职责职权既定，即可明确各层次、机构的分工协作关系和信息沟通方式。第三部分为组织结构设计的三种权变理论，介绍不同环境下结构设计的特点，这对实际工作有着重要的指导意义。

最后讨论组织结构的运行问题。在设计好组织结构以后，必须让它正常运行起来。为此，需为各层次、机构配备人员，加强对运行过程的领导、控制和协调，这些工作将是以后各章的内容。与此同时，还需继续处理好组织工作中的几个关系，即直线与参谋的关系，委员会形式的运用，正式组织与非正式组织的关系等。这里对这些关系分别作了研究。

## 二、基本知识勾勒

组织的概念和组织工作的内容

组织工作的原则

组织结构的概念

组织结构设计的影响因素及工作程序

各种组织结构形式及其优缺点和适用范围

职务设计的要求和科学分工的方法

工作组的适用范围

管理幅度的概念及其与管理层次的关系

管理幅度的影响因素

设置职能机构的原则

影响集权分权程度的因素和不同管理业务的分权度

授权的原则和艺术

组织设计的权变理论

处理直线与参谋的矛盾的方法

委员会形式的优缺点及其运用

非正式组织的特点和作用

## 三、学习目的要求

学习本章的目的要求是:

了解:组织的概念和组织工作的内容,组织结构的概念及其与组织图的关系。

理解:影响组织结构设计的因素和设计组织结构的程序,职务设计的要求和科学分工的方法,工作组的适用范围,各种组织结构形式的优缺点和适用范围,影响集权分权程度的因素和不同管理业务的分权度,组织设计的权变理论,处理直线与参谋的矛盾的方法,委员会形式的优缺点及其运用,非正式组织的特点和作用。

掌握:组织工作的原则,管理幅度和管理层次的基本原理,设置职能机构的原则,授权的原则和艺术。

运用:联系实际分析论证组织工作原则的重要性,就特定组织分析其组织结构形式和优缺点。

## 四、重点难点解析

### （一）组织的概念和组织工作的内容

理解组织的概念，要分几个层次：

（1）区分作为名词用的组织（组织体）和作为动词用的组织（组织工作或活动）。组织作为管理的职能，是指组织工作。

（2）组织职能的内容，各学者理解不一。如法约尔就将用人、激励等纳入组织职能，孔茨等人则不纳入。我们赞同孔茨等人的观点。

（3）就企业而言，组织职能包括管理组织、生产组织、劳动组织等。我们这里只研究各类社会组织共通的管理组织。

组织工作的内容一般包括：

（1）根据既定目标和计划的要求，将一切必须进行的业务活动进行分类。

（2）对各类业务活动进行科学分工，设计出工作职务和岗位。

（3）将职务、岗位适当组合，建立合理的组织机构，包括各个管理层次和部门、单位。

（4）规定各管理层次、部门、单位的工作职责和相应的职权。

（5）明确各层次、部门、单位的分工协作和信息沟通关系。

（6）逐步将上述权责划分、分工协作和信息沟通关系规范化，形成规章制度并严格执行。

（7）处理好各种关系，使设计的组织结构能顺利运行起来。

（8）当外部环境和内部条件发生巨大变化时，适时地改革组织结构和规章制度，以促使组织持续发展。

### （二）组织工作的原则

先要了解西方管理学者（包括法约尔、韦伯、孔茨和权变学派等）提出的原则，同第二章第一、第二节的相关内容联系起来。然后着重理解和掌握我国公有制组织的组织工作原则。它们主要是：

（1）民主集中制。这是工人阶级的组织原则，其含义是民主基础上的集中与集中指导下的民主相结合。运用此原则，要求处理好民主管理与集中指挥（决策的制定和既定决策的实施）、统一领导与分级管理（组织内部上下级之间的分工）的关系。

（2）责任制。这是贯彻民主集中制、消除无人负责现象所必需的。它既是一条原则，又是一类规章制度。

（3）加强纪律性。这也是贯彻民主集中制所必需的。社会主义的劳动纪律是自觉性和强制性相统一的纪律，必须坚持"在纪律面前，人人平等"。

（4）精简高效。这是建立组织机构的原则。一切组织的机构都必须服从于目标、任务的要求，力求精简而高效，反对臃肿重叠、人浮于事、效率低下。

### （三）组织结构的概念

为了实现组织的使命、目标和计划，每个组织（极小、极为简单的组织除外）都要设置若干管理层次和组织机构，规定他们各自的职责和职权，以及他们相互间的分工协作关系和信息沟通方式。这样组织起来的上下左右协作配合的框架结构，就称为组织结构。

组织结构通常用图形表示，称为组织图。组织图可以形象地反映组织的管理层次、组织机构、机构之间的分工及上下级关系等。但是它不能反映各层次、机构的权责和他们相互间的协作关系及信息沟通方式等。这些就需要用职务说明书和规章制度加以补充说明。

### （四）组织结构设计的影响因素和工作程序

组织结构的设计应遵循组织工作的原则，还需考虑以下的影响因素：

（1）组织的性质和使命；

（2）组织的规模；

（3）组织的生产技术特点；

（4）组织的人员（管理者及其下属）的素质；

（5）组织的目标和计划；

（6）组织的战略；

（7）组织所处的外部环境。

组织结构的设计一般可按下述程序进行：

（1）确定设计的目标和要求；

（2）收集和分析组织内外的信息资料；

（3）按照目标、计划的任务，将必须进行的业务活动加以确认和分类；

（4）对各类业务活动进行科学分工，设计出众多的工作职务和岗位；

（5）将职务、岗位适当组合，建立组织机构，形成层次化、部门化结构，绘制组织图；

（6）规定各层次、机构、职务、岗位的职责和职权，明确他们相互间的分工协作关系和信息沟通方式；

（7）建立组织设计有关的规章制度；

（8）审核、修订和批准组织结构设计方案，并付诸实施。

将上述组织结构设计的程序同前述组织工作的内容对比，不难看出我们所说的组织工作的内容就包括组织结构的设计和组织结构的运行及改革。

### （五）职务设计的要求和科学分工的方法

在组织结构设计中，职务设计是重要的一步：①它是组织结构设计的基础，是设计出层次化、部门化结构的前提；②通过劳动分工，实现各类工作专业化，才能提高工作效率，顺利进行业务活动；③为各职务、岗位规定出合理的工作任务和权责，对工作人员有激励作用。

对职务设计有三条基本要求：

（1）因事设职而不能因人设职；

（2）劳动分工要科学；

（3）编制出完善的职务说明书。

科学的劳动分工，一般采用下述方法：

（1）按照活动的技术业务内容（包括工作内容、所采用的机器设备和操作方法、所需技术业务熟练程度等）来分工，实现工作专业化；

（2）按照工作量的大小来分工，分工的粗细程度应能保证员工的工作日负荷比较饱满；

（3）按照一个员工单独担任工作的可能性来分工，以利于建立责任制和按劳付酬（有些工作需两个以上员工共同去完成，则属于例外）。

为了克服分工过细的缺点，还可采用下述方法：

（1）工作轮换，即让员工适时地调换工作；

（2）工作扩大化，即扩大工作范围，将几种工作纳入一个职务（岗位）中；

（3）工作丰富化，即加深工作深度，让员工担负一些由管理者完成的任务，如计划和评价他们自己的工作。

### （六）工作组的适用范围

工作组是在劳动分工时，将为完成某项工作而需密切协作的若干职工组织起来的劳动集体。在下列情况下，应组织工作组：

（1）某项工作不能由一人单独进行，而必须由几个人密切配合，共同进行；

（2）看管大型的、复杂的机器设备；

（3）生产前的准备工作、辅助工作必须同基本工作密切协作；

（4）某些职工无固定的工作地和工作任务，需要临时分配任务或进行调配；

（5）为了实行工作丰富化而有意识地组织，赋予一定的自主权，使其能自主管理。

## （七）各种组织结构形式的优缺点和适用范围

### 1. 直线制形式

直线制形式的特点是各层次的管理者负责该层次的全部管理工作，没有参谋机构或人员协助。

优点：人员精干，权责分明，指挥统一，信息沟通简化，反应快捷。

缺点：对各层次管理者尤其是高层管理者要求很高（无人协助），难免顾此失彼；决策都集中于高层管理者一人，高度集权，风险极大。

适用范围：极小规模或创业初期的组织。

### 2. 直线-参谋制形式

直线-参谋制形式的特点是为各层次的管理者配备参谋机构或人员，分担部分管理工作，但这些机构或人员无权指挥下级管理者和作业人员。

优点：参谋机构或人员可以聘任专家，以弥补管理者之不足，并减轻管理者的负担，从而克服直线制形式的缺点；这些机构或人员无权指挥下级，这就保证了管理者的统一指挥。

缺点：①只有高层管理者一人对组织目标的实现负责，其参谋机构都只有专业管理的目标；②高层管理者高度集权，难免决策迟缓或失误，对外部环境的适应能力差；③参谋机构或人员相互间的沟通协调差；④不利于培养高层管理者的后备人才。

适用范围：一般的大、中型组织。

### 3. 分部制形式

分部制形式的特点是在高层管理者之下按产品、市场地区或顾客群体设置若干分部（事业部），授予分部处理日常活动的权力，每个分部近似于一个较小的组织，按直线-参谋制形式建立结构；高层管理者则负责制订整个组织的方针、目标、计划和战略，并责成和监督各分部去实施，在他之下仍可设非常精干的参谋机构或人员。

优点：①各分部有处理日常活动的权力，增强了组织对外部环境的适应能力；②利于高层管理者实行"例外原则"管理，集中精力抓大事；③利于培养高层管理者的后备人才。

缺点：①参谋机构重叠，管理人员增多，费用开支大；②各分部之间横向联系和协调难；③如分权不当，易导致分部闹独立性，损害组织整体利益。

适用范围：特大型组织。

### 4. 混合制形式

混合制形式的特点是多种形式的混合运用，例如既有按产品分设的事业部，又有按市场地区分设的管理部，还有各专业性质的参谋机构。三方面的领导者组成委员会来负责产品的产销活动，产品事业部不能单独决策。

优点：将事业部、管理部和参谋机构结合起来，互通信息，化解矛盾，共同决策。

缺点：①事业部、管理部和参谋机构之间的矛盾经常出现，难以决策；②管理人员多，费用大；③对例外情况、紧急情况的反应迟缓。

适用范围：特大型组织。

5. 矩阵制形式

矩阵制形式的特点是按项目（如中心工作、新产品开发、技术改造、基本建设等）设置临时性或常设性机构，从有关参谋机构中抽人参加，这些人接受原参谋机构和新设项目机构的双重领导，相互紧密协作，共同完成好项目任务。

优点：将有关参谋机构的人员组成项目机构，有利于加强沟通协作，完成项目任务。

缺点：参谋机构的人员接受双重领导，违反了统一指挥原则，又会导致机构间的矛盾。

适用范围：组织的产品品种增多或出现某种主要工作时，就有必要成立项目机构。

6. 网络制形式

网络制形式的特点是组织仅保留精干的、具有优势的机构，而将其他的基本活动（如生产、营销、研究开发等）都分包给附属组织或独立组织去完成，长期依靠分包合同与有关各方保持紧密联系。

优点：组织具有高度的灵活性和适应性，可集中力量从事自己有优势的专业化活动。

缺点：某些基本活动外包，必然增加控制上的困难；协调的工作量增大，矛盾不会少。

适用范围：科技进步快、消费时尚变化快的外部环境。

组织结构形式小结：

（1）上述六种形式都是比较典型的形式，他们中有些可独立使用（如直线制、直线-参谋制、分部制和混合制），有些则需结合其他形式使用（如矩阵制、网络制）。

（2）上述六种形式各有其优缺点和适用范围，这就证实了权变学派的观点，即世界上不存在适用于一切社会组织的组织结构形式。我们在设计组织结构时，必须遵循组织工作的原则，认真考虑影响组织设计的诸因素，具体情况具体分析，选择比较适合自身特点的形式；在影响因素发生较大变化（如业务增多、规模扩大、战略改变等）时，及时改变组织结构形式。

（3）无论采用何种组织结构形式，有两条原则是必须遵循的：①精简高效的原则，反对层次过多、机构林立、因人设职、人浮于事等；②扬长避短的原则，要充分发扬该形式的优点，淡化或克服该形式的缺点。

### （八）管理幅度的概念及其与管理层次的关系

在组织结构设计中，首先要考虑建立纵向管理系统，确定管理层次，层次过多或过少都不好。而确定管理层次多少为适当，则同管理幅度问题密切相关。

管理幅度又称控制幅度，是指一个管理者可能直接管理或指挥的下属人数。在组织规模一定的情况下，管理层次与管理幅度呈反比关系。即扩大管理幅度可减少管理层次；反之，缩小管理幅度则需增加管理层次。因此，研究管理幅度的大小，就能确定管理层次的多少。

西方管理学者对管理幅度有许多研究，提出了不同的数据。实践证明，企图从理论上来论证或从调查中来归纳管理幅度的合理数值，都是非常困难的。较好的办法是研究影响管理幅度的因素，然后根据实际情况灵活确定其数值，各组织可以不同，同一组织的各层次、各单位也可以不同，然后根据其结果来确定管理层次。

本教材介绍孔茨和奥唐奈的研究成果。

### （九）孔茨和奥唐奈的因素分析

他们提出了影响管理幅度的八个因素：
（1）领导者个人的能力；
（2）下属的素质和能力；
（3）领导者给下属授权的明确度和适宜度；
（4）计划工作的水平；
（5）外部环境和内部条件的稳定性；
（6）控制标准的利用和控制的有效性；
（7）信息沟通的方法及其效能；
（8）个别接触、交换意见的次数。

我们可将上述因素归纳为三类：①人的因素，包括第1、2因素。如素质高，能力强，相互关系出现的频率和所需时间相对就少些，管理幅度可稍大些。②管理工作水平，包括第3、4、6、7、8因素。如水平高，管理幅度可以大些。③环境因素，即第5因素。如环境较稳定，新的情况和问题不太多，则管理幅度可以大些。

我们认为，孔茨和奥唐奈的因素分析虽不算很全面，但已抓住了主要的因素，有较强的可操作性。遗憾的是，这些因素都只适于定性分析，难以定量化。

### （十）设置职能机构的原则

建立起纵向管理系统之后，还要为各管理层次设置职能机构或人员，建立横向管理系统。两个系统相结合，就构成组织结构的整体框架。

职能机构的设置一般采用两个原则：

（1）管理业务性质相似性原则。凡是性质相同或相似的管理业务即可归在一起，设置机构，实行管理业务专业化。例如工业企业就设市场营销、生产作业、财务会计、劳动人事、研究开发、生活后勤、思想政治工作等管理子系统。

（2）业务联系密切的原则。有些业务涉及面广，难以明确其性质，则可将它归入联系最为密切的某类业务中。例如工业企业的原材料供应和交通运输系统，即可据此原则划归生产管理子系统。

此外，还应注意以下几个问题：

（1）有些业务的范围广、工作量大，要分设几个职能机构。

（2）有些业务带有监督、检查性质（如质量监督、财务控制等），就应单独设立机构。

（3）有些业务按其性质是可以分开的，但因特殊原因而不宜分开时，就不要强行划分。如百货公司的专柜主管既负责销售，又负责采购该专柜的商品。

（4）有些业务涉及若干职能机构而非某个机构所能单独承担，则可采用委员会形式。

### （十一）影响集权分权程度的因素和不同管理业务的分权度

集权是指将管理权集中在高层管理者手里，分权则是指将权力更多地分散在各层次管理者手中。绝对的集权是可能的，但仅限于极小的组织；绝对的分权是不可能的，因为最高管理者不掌握任何权力，就不再是最高管理者，也就不存在完整的组织。研究集权与分权，并非简单地去鉴别其优劣而决定取舍，而是求得二者的正确结合，即确定集权和分权的适宜程度。

影响集权和分权适宜度的因素有四大类：

（1）组织自身状况。它包括：组织的历史状况，组织规模，组织的部门、行业特点，组织的动态特征。

（2）组织的管理特点。它包括：职权的重要程度，方针政策连贯性的要求，控制技术和手段的运用。

（3）人事因素。它包括：领导人的人性观，下属人员的素质和能力。

（4）组织的外部环境。

还应看到，不同管理业务的集权分权程度是不一样的：

（1）生产，只要规模较大，应首先实行分权。

（2）营销，同样需要分权。

（3）财务，这是需要高度集权而不宜分散的。

（4）人事，有些权需高度集中，有些则可分散。

（5）物资采购，一般应当集中。

（6）运输服务，明显的趋势是集中。

由于因素众多，确定集权分权的适宜度是一件困难的工作。较好的办法是在认真分析诸影响因素和管理业务特点的基础上，开始时分权少一些，以后可根据实际需要逐步扩大，并随着情况变化适时调整。

### （十二）授权的原则和艺术

授权就是上级管理者将自己的部分权力授予下级管理者去行使，达到逐步扩大分权的目的。

授权应遵循下列原则：

（1）以责定权，权责对等；

（2）分层次授权；

（3）统一指挥，但不越级指挥；

（4）授权不授责，即上级仍应对下级工作成绩负领导责任；

（5）主要权力不能下放；

（6）授权是动态的，可授可收回。

授权又是一种艺术。要使授权适当，管理者需有正确的态度：

（1）要信任下级，敢于放手；

（2）善于听取下级的意见；

（3）允许下级犯错误，主动承担责任并帮助其总结经验教训；

（4）建立和利用广泛的控制，促使下级运用好职权，完成其任务。

### （十三）组织设计的权变理论

这里主要介绍权变学派的三种理论：

（1）英国学者伯恩斯提出，组织结构可分为两种类型：机械型和有机型。机械型适用于比较稳定的内外环境；反之，如内外环境复杂多变，则宜采用有机型。

（2）英国学者伍德沃德提出，按照工业企业的生产技术特点，可分三种类型：①根据订货组织单件小批生产；②组织大量、大批生产；③组织连续流水生产。三类企业的技术复杂程度不同，其组织结构也各有特点。据她分析，在技术复杂程度居中的第二类企业中采用机械型结构最有效；而在其余两类企业中，则适于采用有机型结构。

（3）美国学者劳伦斯和洛希选择了外部环境很不相同的三个部门的企业：环境最稳定的包装容器制造企业，环境稳定程度居中的食品加工企业，环境最不稳定的塑料制品企业。然后分别考察这些企业内部的三个部门：销售、生产、研究开发。他们首先注意企业内部不同部门在其成员行为和努力方向上是有差别的，而且组织外部环境越不稳定，这些差别就越大。他们建议，一个企业内部各单位可选用不同的组织结构，如研究开发单位可采用有机型，而销售和生产单位则适于机械型。其次，他们注意内部各单位之间的协调配合，各单位间的差别越大，就越需要强化协调配合。例如外部环境很不稳定的塑料制品企业就应采用更多的协调机制，而环境稳定的包装容器制造企业在这方面的要求就相对低一些。

### （十四）处理直线与参谋的矛盾的方法

在组织结构中，经常划分直线机构（人员）与参谋机构（人员）。划分这两类机构（人员）的标准不是他们在实现组织目标、任务中的作用，而是他们各自行使的职权。主要行使直线职权的称为直线机构（人员），这类职权由等级制度形成的指挥链所带来，反映上下级之间命令、指挥与服从的关系。主要行使参谋职权的称为参谋机构（人员），这类职权是具有专业知识、技能和经验去运筹和建议的权力，反映为直线机构（人员）提供协助和服务的关系。

从理论上来说，参谋是为直线服务的，而且参谋无权直接指挥下级，这保证了直线的统一指挥，不会产生什么矛盾。但在实际活动中，直线与参谋的矛盾却经常发生，其主要表现是：直线人员认为参谋人员不了解情况，所提建议不切合实际，或认为参谋人员不尊重领导，侵犯了自己的职权；参谋人员则认为直线人员对自己的建议不重视，或嫌自己权力太小而产生怨气等。

处理直线与参谋的矛盾，需做好下列工作：

（1）进一步明确各自的权责，相互支持，加强协作。

（2）直线人员可授予参谋人员一定的职能职权，即由他们代表直线人员行使直线人员的部分权力，以调动他们的积极性。

（3）为参谋人员的工作提供必要条件，采取一些组织措施。

（4）适时地轮换两类人员，以增进相互了解，减少矛盾，共同搞好工作。

### （十五）委员会形式的优、缺点及其运用

委员会是一种集体管理形式，其成员来自有关各方面，主要通过定期地或临时地召开会议来从事管理活动。委员会又有多种形式。

委员会形式有下列优点：①集思广益；②促进协作；③代表各方的利益；④避免权力过分集中；⑤利于决定的执行。但如运用不当，它会出现以下缺点：①时间延误；②妥协折衷；③仍然个人独裁专制；④集体负责导致无人负

责，以致委员会的权责分离即有权无责。

要运用好委员会形式，必须注意下列问题：

（1）审慎使用此形式，要明确其权责；

（2）合理确定委员会的规模；

（3）挑选合格的委员会成员；

（4）注意发挥委员会主席的作用；

（5）开好委员会的会议；

（6）考虑委员会的工作效率。

### （十六）非正式组织的特点和作用

组织结构的设计和运行，形成了正式组织。在正式组织运行的过程中，常常会出现非正式组织。如第二章第二节所述，非正式组织是人际关系理论的创立者梅奥等人在霍桑试验中首先发现的，后来的管理学者对它作了许多研究。

非正式组织具有以下特点：

（1）从形成原因看，它并非为了实现共同目标而有意识地组织起来，而是因人们的共同性格、爱好、交往、感情等逐渐形成的，并无自觉的共同目标。

（2）从表现形式看，它是无形的组织，无任何成文的表现形式。

（3）从成员范围看，它自愿结合，人数不定，不受正式组织规定的层次、部门、职务等限制。

（4）从行为标准看，它不以效率逻辑作标准，也无规章制度等明文规定，而是以感情逻辑作标准，仅有不成文的约定，如有违反，将受到疏远或排斥。

（5）从领导人的产生方式看，它的领导人系自然产生的，往往是团体中交往最多、威望最高者。

非正式组织对正式组织能产生下列积极作用：

（1）它可满足正式组织成员在社交、受人尊重和自我实现等方面的需要，激励他们的工作热情。

（2）它可增进正式组织成员的团结协作精神。

（3）它也关心其成员的工作表现，会自觉地给予帮助，对正式组织的培训起到补充作用。

（4）它也要维护自己在公众中的良好形象，往往会帮助正式组织建立正常的活动秩序，纠正其成员违反正式组织纪律的行为。

不过，非正式组织又会对正式组织产生下列消极作用，具体包括：

（1）当其目标与正式组织的目标不一致时，就会对正式组织产生消极影响，如梅奥等人发现的小团体自定的低于正式组织规定的"日产量定额"。

（2）其信息沟通一般是秘密的，易于传播"小道消息"。

（3）它为了加强其成员的团结，就会对非成员加以排斥，这就会影响正式组织所需的团结；如它的领导人行为不端，就容易带领其成员干坏事。

（4）它经常表现出反对改革、革新的倾向（怕改革或革新会威胁到它的存在），从而对正式组织的发展不利。

鉴于非正式组织对正式组织既有积极作用，又有消极作用，这就要求正式组织的管理者对它采取正确态度，善于引导，以发挥其积极作用而防止其消极作用。

（1）通过做工作，发现已经存在的非正式组织及其领导人。

（2）加强引导，使非正式组织的目标同正式组织的目标一致，为正式组织的目标服务。

（3）当发现非正式组织的行为对正式组织不利时，要用民主的说理的方法去纠正；发现非正式组织成员干坏事时，则应及时制止。

## 五、练习题汇

### （一）单项选择题

1. 组织的各层次管理者负责行使该层次的全部管理工作，不设职能机构当他们的助手，这样的组织结构形式称为（　　　　）。

    A. 直线制             B. 直线-参谋制

    C. 分部制             D. 矩阵制

2. 管理幅度与管理层次的关系是（　　　　）。

    A. 呈正比关系

    B. 呈反比关系

    C. 有时呈正比关系，有时呈反比关系

    D. 二者无多大联系

### （二）多项选择题

1. 西方管理学者提出的组织工作的原则主要有（　　　　）。

    A. 劳动分工           B. 权责对等

    C. 统一指挥           D. 纪律

    E. 工作方法标准化

2. 委员会形式的优点有（　　　　）。

    A. 集思广益           B. 促进协作

    C. 权责分离           D. 代表多方面的利益

    E. 利于决定的执行

## （三）判断分析题

1. 在直线-参谋制的组织结构中，参谋机构有权指挥其下级管理者。

2. 在职务设计时，应将因事设职同因人设职结合起来。

## （四）简答题

1. 试述组织结构的概念及其与组织图的关系。

2. 何谓授权？授权有哪些原则？

## （五）论述题

1. 试论组织工作的民主集中制原则。

2. 试述设置职能机构的原则。

## （六）案例分析题

### 案例1：某面包公司的组织结构改革

某面包公司成立于1971年；开创时只是一家小面包作坊，只开设了一间商店；因经营得法，到1980年已陆续开设了另外八间连锁店，拥有十辆卡车，可将产品送往全市和近郊各工厂，职工达120人。

公司老板唐济一直随心所欲地经营着他的企业，他的妻子和三个子女都被任命为高级管理者。他的长子唐文曾经劝他编制组织结构图，明确公司各部门的权责，使管理更有条理。唐济却认为，由于没有组织图，他才可能机动地分配各部门的任务，这正是他获得成功的关键。正式的组织图会限制他的经营方式，使他不能适应环境和员工能力的变化。后来在1983年，唐文还是背着父亲按现实情况绘出一张组织结构图（见图7-1），感到很不合理。

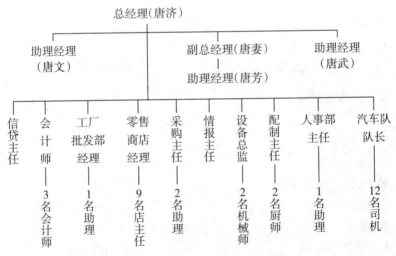

图7-1 某面包公司1983年的组织结构图

1985 年，唐济突然去世，家人协商由刚从大学毕业的唐文继任总经理。唐文上任后首先想到的是改革公司的组织结构，他经过反复思考，设计出另一张组织结构图（见图 7-2），认为这一改革有许多好处，对公司发展有利。后来他又考虑到，如将家庭成员调离重要职位，可能使他们不满（尽管他了解，公司职工对其父亲原来的安排都有些怨言）。于是他准备逐步实施这项改革，争取用一年左右的时间去完成它。

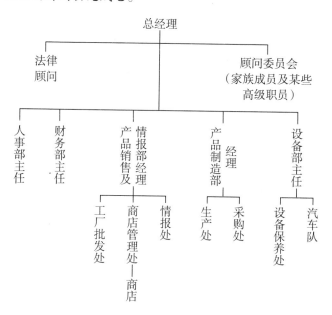

图 7-2　某面包公司 1985 年的组织结构图

**分析问题：**

1. 面包公司 1983 年的组织结构图的特点是什么？它有哪些优点和不足？

2. 1985 年设计的组织结构图的特点是什么？它有哪些优点和不足（注意与 1983 年的组织图对比）？

3. 唐文改革组织结构可能遇到什么问题？他应当如何分步骤地予以实施？

**案例 2：某电子产品公司的组织问题**

某电子产品公司下属的工厂开工不久，就遇到了废品率高、设备停工率高、旷工率高、人工成本高等问题。公司早已设计正式的组织图，按要求配齐员工，并对员工进行了必要的培训。厂长将出现的问题归咎于人事部主任，说他的培训效果很不理想。

人事部主任承认培训工作有缺陷，但接着说，工厂刚开工，许多人事关系尚未理顺，有了正式的组织图并不能保证职工一定就有正确的行为。他建议采用征询意见表来了解员工对组织结构中各种关系的理解程度。

厂长同意人事部主任的意见。全厂600名员工都利用上班时间回答了征询意见表中的问题。人事部整理了答案，准备了一份摘要供讨论。摘要中的部分要点如下：

（1）非管理人员中，有35%的人说，他们对每天的任务经常感到不明确；有20%的人说，他们往往很难从管理人员处获得工作所需要的信息；有40%的人认为，严格执行某些规章制度反而会妨碍正当的行为。

（2）管理人员中，有30%的人说，他们没有与职责相称的权限；有20%的人说，他们所在单位同有关单位之间缺乏足够的联系；有20%的人认为，很难通过计划达到工作上的协调。

厂长看了摘要后说："这是怎么回事？我们规定了清楚的组织结构，制定了各种政策和程序。唯一的解释是，没有把这些告诉员工。"

**分析问题：**

1. 如你是人事部主任，你对员工的反应将做出什么解释？厂长的解释是否正确？

2. 有了组织结构图，是否就能保证有良好的组织结构？

3. 你准备采取何种措施来解决这个厂组织结构中的问题？

74

# 第 八 章

# 人 事

## 一、本章内容指点

人事（或称用人）职能是指组织在确定了目标、计划和设计好组织结构之后，为各层次、机构、职务、岗位选配适当的人员，使他们能各展所长，共同努力，完成组织的目标任务，同时注意培养他们，不断提高他们的素质。因此，人事职能就包括组织所需人员的计划、识别选拔、招聘录用、使用安排、业绩考核、报酬支付、培训提高等工作。现代人事管理常被称为人力资源的开发与管理，突出人力资源的特殊重要地位。

本章首先说明人力资源开发与管理的概念、任务和重要意义，然后依次讨论人员的识别选拔、招聘录用、使用安排、业绩考核等问题。在招聘录用部分，专门对从组织内部或外部招聘管理人员的利弊进行比较。在各个工作环节，都注意了介绍我国总结的经验教训。

其次，讨论人员的报酬支付问题。先介绍我国人员报酬理论与实践的发展历程，再依次介绍我国的基本工资制度、工资形式、社会保险和员工福利。随着我国社会经济的发展和综合国力的提升，各行各业的员工收入都在逐步提高。

最后，讨论人员的培养问题，包括其重大意义、具体目标和方式方法。这里突出了我国让员工在实际工作中锻炼提高的几种行之有效的方式。将使用人和培养人结合起来，既是重要原则，又是成功经验。

## 二、基本知识勾勒

人力资源开发与管理的概念和任务

人力资源开发与管理的重大意义

识别和选拔人才的标准和要求

人员招收的程序

从组织内外挑选管理人员的比较分析

人员使用的原则和要求

人员考评的内容和方法

我国人员报酬理论和实践的发展

我国各类组织实行的工资制度

我国的社会保险和员工福利

人员培养的意义

人员培养的目标和方式

## 三、学习目的要求

学习本章的目的要求是：

了解：人力资源开发与管理的意义，人员招收的程序，人员考评的内容和方法，我国各类组织实行的工资制度，我国的社会保险和员工福利，人员培养的意义。

理解：从组织内外挑选管理人员的比较，我国人员报酬理论和实践的发展过程，人员培养的目标和方式。

掌握：我国识别和选拔人才的标准和要求，人员使用的原则和要求。

运用：联系实际说明人力资源开发与管理的重大意义；联系现实阐明"在分配上以按劳分配为主体、其他分配方式为补充"和"效率优先、兼顾公平"的原则。

## 四、重点难点解析

### （一）人力资源开发与管理的概念和任务

人力资源是一切组织最宝贵的资源，其他资源如物力、财力、技术、信息等，都需要人力资源去加以组合和利用，方能发挥作用。人力资源开发与管理是指在兼顾国家、组织和劳动者个人三方面利益的基础上，采取措施，获取组织所需的人力资源，提高人力资源素质，调整人力资源结构，改善人力资源的组织与管理，以促进组织取得尽可能好的效益，实现组织的使命、目标和计划。

人力资源开发与管理的主要任务是：满足组织对人员的需要，充分调动人员的积极性，不断提高人员的素质，努力提高组织的劳动效率和效益。

### （二）人力资源开发与管理的意义

国内外管理领域历来均重视人力资源的开发与管理问题。在我国现阶段，人力资源的开发与管理具有重大的意义：

（1）它是发挥人力资源作用、消除人力资源浪费、降低人力资源使用成本的需要。

（2）它是提高各类组织劳动效率、促进我国现代化建设的需要。

（3）它是在激烈的国内外市场竞争中赢得竞争优势、战胜竞争对手的需要。

### （三）识别和选拔人才的标准和要求

我国识别和选拔人才的基本标准是德才兼备，在德与才的关系上是"以德帅才"。现在我国对干部的要求是"革命化、年轻化、知识化、专业化"，培养接班人的要求是"有理想、有道德、有文化、有纪律"。这些就体现了德才兼备的具体内容。

在识别和选拔人才的实践中，还有以下的要求：

（1）要有超乎寻常的见识和胆略，切忌拘泥于陈规陋习；

（2）要考虑人才成长和发展的规律，切忌贻误时机；

（3）要创造公开、平等的竞争环境，让人才脱颖而出，切忌任人唯亲。

### （四）人员招收的程序

（1）根据工作需要，结合当时当地人力资源状况，确定招收人员的条件。

（2）选择确定招收方式，可以从广告招聘、劳动中介机构介绍、组织内部选拔三种方式中选择。

（3）确定招收方式后组织实施，这又分为若干步骤。以广告招聘为例，其步骤有：①开展人员招聘的广告宣传；②初步筛选应聘者，通知合格者准备考核；③要求初选合格者填写求职申请表；④进行笔试、面试考核；⑤对考核合格者进行短期试用；⑥对试用合格者正式录用，签订劳动合同。

### （五）从组织内外挑选管理人员的比较分析

这是一个存在争议、值得研究的问题。

从内部挑选有几个优点：①给员工带来有被挑选为管理者的希望，有利于激励他们安心长期供职，稳定员工队伍；②被挑选出的管理人员熟悉组织情况，工作起来比较顺手；③挑选的费用较小，职位转换较易，要求待遇不会太高。但它也会遇到一些问题：①从专业管理人员中挑选综合管理者，往往比较困难；②易导致"近亲繁殖"，被挑选者习惯于按陈规办事，对新鲜事物缺乏敏感性；③一人被选中，可能引起相关人员失望，为安抚他人，难免牺牲原则去换取团结。

从外部招聘的优缺点正好相反。其优点是：①选择范围广，余地大，利于发现优秀人才；②外来者能给组织带来新经验，注入新活力，利于克服"近亲繁殖"的弊端；③外来者不受组织原有人事网的束缚，易于放开手脚，开拓创新。但它也有缺点：①对组织原有成员的积极性会产生一些消极影响；②外来者要花费较长时间来熟悉组织及其成员的业务活动；③挑选费用较大，要求的待遇会较高。

从组织内部和外部挑选管理人员各有利弊，我们不能绝对地下结论，而应具体情况具体分析，关键是按组织的需要挑选出最适合的管理人员。可以先从组织内部考虑，如已有适当人选，自然无须从外部招聘；反之，如无适当人选，则只能从外部招聘。

无论从内部或外部挑选，都必须注意两点：①必须引入公开、公平、公正的竞争机制，从比较中选优；②要趋利除弊，扬该种挑选方式之长处而避其短处。

### （六）人员使用的原则和要求

人员的使用应坚持以下原则：

（1）知人善任，用人所长。

（2）量才使用，职能相当。

（3）信任放手，指导帮助。

（4）结构协调，整体高效。

（5）合理流动，动态管理。

人员的使用还有以下要求：

（1）敢于重用有主见、有创见的人。

（2）敢于使用有小缺点的人。

（3）敢于使用比自己能力更强的人。

### （七）人员考评的内容和方法

人员考评的内容包括下列相互联系的几个方面：

（1）德：指政治立场、理想信念、道德操守、工作作风等；

（2）能：指掌握业务技能和从事工作的能力；

（3）勤：指工作中的积极性、主动性、纪律性和责任心等；

（4）绩：指工作成绩、贡献成果等。这应当是考评的重点内容。

人员考评的方法有多种：自我考评、同级考评、上级对下级的考评、下级对上级的考评、专家考评、组织考评。

完善考评工作，应当注意：①明确考评标准；②建立健全考评反馈（给考评对象）的制度；③注重对考评结果的应用，作为奖惩、升降等的依据。

### （八）我国人员报酬理论和实践的发展

我国人员报酬的理论和实践大体经历了以下几个发展阶段：

1. 第一阶段（1949—1978 年）

在此阶段，我国在人员报酬的理论中一直坚持各尽所能、按劳分配的社会主义分配原则，并视为人员报酬的唯一分配原则。从 20 世纪 50 年代中期起，我国建立起一套全国统一的、高度集中的职工工资分配体制，将工资分配权集中在国家手中。

2. 第二阶段（1979—1986 年）

从 1979 年起，我国开始经济体制改革，对国有企业逐步下放经营自主权。1985 年年初，国家在国有大中型企业中开始推行企业工资总额同经济效益挂钩、按比例浮动的办法。按此办法，企业的工资总额由国家按其经营好坏、效益高低分配给企业（第一级分配），再由企业根据按劳分配原则分配其职工的工资（第二级分配），企业有了较充分的工资分配权。这样，按劳分配就由过去的一级分配（即由国家直接分配给职工）变为两级分配，这是我国人员报酬理论的一次重大发展。

3. 第三阶段（1987—1992 年）

1987 年 10 月，我党提出了我国正处于社会主义初级阶段的理论。在此阶段，在所有制上要以公有制为主体，多种经济成分并存；在分配上要以按劳分配为主体，其他分配方式（如按劳动力价值分配、按资分配等）为补充。这样，在人员报酬理论中，按劳分配就不是唯一的分配原则了。与此同时，还提出了"在促进效率提高的前提下体现社会公平"，即效率优先、兼顾公平的原则。

4. 第四阶段（1993—2001 年）

1992 年 10 月，我党提出了建立社会主义市场经济体制的目标。1993 年 11 月，党的十四届三中全会重申了"个人收入分配要坚持以按劳分配为主体、多种分配方式并存的制度，体现效率优先、兼顾公平的原则"，还要求建立适应企业、事业单位和行政机关各自特点的工资制度和正常的工资增长机制，国有企业在一定条件下可以自主决定工资水平和内部分配方式。这就是在社会主义市场经济体制下贯彻按劳分配原则，又从"两级分配"过渡到"市场机制决定、企业自主分配、国家宏观调控"。

5. 第五阶段（2002—2005 年）

2002 年 11 月，党的十六大明确提出"确立劳动、资本、技术和管理等生产要素按贡献参与分配的原则，完善按劳分配为主体、多种分配方式并存的分配制度"，并对效率优先、兼顾公平的原则做出了较详尽的阐述，初次分配应注重效率，再分配注重公平。

6. 第六阶段（2005 年至今）

2005 年 10 月，党的十六届五中全会通过的关于第十一个五年规划的建议中，强调落实科学发展观、建设社会主义和谐社会，要求更加注重社会公平，特别是就业机会和分配过程的公平。2007年10月，党的十七大提出，要深化收入分配制度改革，增加城乡居民收入；初次分配和再分配都要处理好效率与公平的关系，再分配更加注重公平。

2013年11月，党的十八届三中全会通过了《中共中央关于全面深化改革若干重大问题的决定》，提出应形成合理有序的分配格局，努力缩小收入差距等。

### （九）我国各类组织实行的工资制度

我国各类组织实行的工资制度很多，可分为以下四大类：

（1）基本工资制度。这是职工定级调级、计算标准工资、加班工资和退休金的基础，主要考虑劳动的质量差别。其中包括等级工资制、岗位工资制、浮动工资制、结构工资制、岗位（职务）技能工资制等。

（2）工资形式。这是计量劳动并据以支付工资的方式，主要考虑劳动的数量差别。其中包括计时工资、计件工资、奖金、津贴等。

（3）配套制度。如技术等级标准、任职条件、定级调级制度等。

（4）特殊情况下的工资制度。如病假、产假、离职学习期间等的工资支付制度。

### （十）我国的社会保险和员工福利

社会保险是组织的员工在生育、年老、患病、伤残和失业时，根据国家有关规定所获得的物质保障。它同工资、奖金一样，都属于职工物质利益的内容，但其性质不同，不是劳动的报酬，而是在暂时或永久丧失劳动能力以及失业时按照国家规定所享受的物质帮助；它所依据的原则也不是按劳分配，而是社会主义物质保障原则，保障员工在特定情况下的基本生活需要。

我国现已建立的社会保险包括以下项目：

（1）养老保险。这是为年老退休员工提供保障。

（2）失业保险。这是为临时失去工作、等待重新就业的员工提供物质帮助。

（3）医疗保险。这是为患病员工提供医疗服务和物质帮助。

（4）伤残保险。这是为受伤或致残的员工提供物质帮助。

（5）生育保险。这是为女职工生育子女而暂时失去劳动能力时提供物质帮助。

员工福利，从宏观上讲，是指国家、社会兴办的文化、教育、医疗卫生等事业，各种生活补贴等；从微观上讲，是指各社会组织自行举办的集体福利设施（包括员工食堂、集体宿舍、幼儿园、浴室、卫生所、图书室、俱乐部、体育场所等）和提供的生活补助等。我国各类社会组织都很重视员工福利。

过去的问题是在"低工资、高福利"的思想指导下，集体福利事业规模过大，如"企业办社会"，使企业负担过重，这个问题现已逐步解决。

### （十一）人员培养的意义

（1）由于组织的发展，员工队伍需要不断更新和扩充。对新进入者需要培养，使他们了解组织的使命、文化、方针、目标、生产经营业务特点等，还必须培训其知识和技能，经严格考核合格者，方能上岗。

（2）对于组织现有各类人员仍然需要培养，这或者由于科技进步，他们的知识和技能已陈旧老化，需要更新；或者由于组织开展新业务，采用新技术，他们现有知识和技能已不能适应；或者由于准备调换其岗位，晋升其职务，对他们的知识和技能提出了新的更高的要求。

（3）工商企业处于激烈的市场竞争环境中，人员培养是提高企业竞争能力的重要途径，许多企业将人才看成"第一资本"，将培养人才的投入看成"最合算的投资"。

（4）人员培养不仅是组织的需要，而且是人员自我成长的需要。每个员工都有学习新知识、掌握新技能、为组织多做贡献、提高自身价值的自觉要求。

### （十二）人员培养的目标和方式

人员培养的目标就是提高人员的素质，包括思想道德素质和知识能力素质。具体目标有：

（1）帮助员工认识组织；

（2）帮助员工认同组织文化；

（3）补充员工所需的知识；

（4）发展员工应具备的能力。

人员培养的方式大体可分为两类：

（1）兴办职工教育，如技校、培训班等；

（2）在实际工作中锻炼提高，包括工作轮换、"压担子"、设置"助理"职务、设置"代理"职务等。

81

## 五、练习题汇

### （一）单项选择题

1. 我国识别和选拔人才的基本标准是（    ）。

    A. 德才兼备              B. 年富力强

    C. 服从领导              D. 德、能、勤、绩

2. 计时工资制是一种（    ）。

第八章　人　事

A. 基本工资制度　　　　　　B. 工资形式

C. 配套制度　　　　　　　　D. 特殊情况下的工资制度

### （二）多项选择题

1. 人力资源开发与管理的主要任务是（　　　　　　）。

　　A. 满足组织对人员的需要　　B. 充分调动人员的积极性

　　C. 不断提高人员的素质　　　D. 提高组织的劳动效率和效益

　　E. 保障客户的合法权益

2. 我国现已建立的社会保险包括（　　　　　　）。

　　A. 养老保险　　　　　　　　B. 失业保险

　　C. 生育保险　　　　　　　　D. 医疗保险

　　E. 伤残保险

### （三）判断分析题

1. 人员考评的内容包括德、能、勤、绩四个方面，其中，绩属于考评的重点内容。

2. "各尽所能、按劳分配"是我国现阶段唯一的分配原则。

### （四）简答题

1. 试述人员招收的程序。

2. 人员培养的方式有哪些？

### （五）论述题

1. 组织选拔管理人员是从内部提升好，还是从外部招聘好？

2. 试论人员使用的原则和要求。

### （六）案例分析题

**案例 1：晋升被否决了**

王森在环球摩托车公司总部的客户服务部工作，他的任务是接受客户的维修投诉并通知那些在各地经销商现场工作的服务工程师们去处理。有一次，他得知有一位现场工程师的职位出缺。

作为第一步，王森去见他的顶头上司张平，要求能被聘任为现场工程师。张平拒绝了他的要求，说"稍缓再议"。后来，张平出差了，王森就去找李淑敏。她是国际经营服务部的经理，不但是张平的上级，而且负责管理现场工程师。经过交谈，李淑敏认为王森已经具备现场工程师职位所需的条件，倾向于从公司内部提升这位年轻人。她承诺在张平回到公司后就跟他谈。

一周之后，张平将王森叫到办公室并告知他："我听说在我出差期间，你去找过李淑敏谈现场工程师职位的事。我不能让你获得这一职位。我们刚好决定建设一个计算机化的投诉处理系统，我需要你，因为你是我七个下属中这方面经验最为丰富的一个。"王森震惊了。难道因为他是群体中的最佳人选，其晋升就应当被否决？两周后，现场工程师由公司经过外部招聘选拔到，王森不知道自己下一步该怎么办。

**分析问题：**

1. 你如何看待这家公司的人员晋升政策和张平的管理风格？

2. 假如你是王森，你将怎么办？

**案例2：人员的使用问题**

何谊是某公司一个经营业绩出色的事业部的经理助理，后来被选拔担任另一个事业部的经理。他从一开始就遇到困难：不熟悉应向执行副总裁呈报的信息资料，不易同新的下属交流，甚至不真正了解自己所处的困境。不到一年，他不再担任经理了。

过去选拔他任经理的那位领导人就在思考自己怎样会犯这一错误。他认真分析了情况，得出结论：何谊只是一位经理助理，未曾被培养去经营一个事业部。他当时的上司简单地把他当作参谋人员使用，完全排除在事业部运营之外。这位助理确实被众人"看好"，但其仅仅反映事业部的经营业绩出色。

**分析问题：**

1. 你如何看待这家公司的人员使用和培养的政策？

2. 你是否认为选拔何谊确实是一个错误？如何看待和应对何谊从一开始就遇到的困难？

# 第九章
# 领　导

## 一、本章内容指点

管理者在制定好目标计划、组织好机构、安排好人员之后，需要对其下属人员进行指导、指挥、教育、激励，施加影响力，推动组织的业务活动按照目标、计划的要求顺利进行，实现组织的使命和任务。管理者这时的管理活动就是在行使领导职能。管理者要行使领导职能，所以常被称为领导者。

本章首先介绍领导职能的含义和作用，接着讨论三个方面的问题。

第一方面是领导者的素质，包括个人素质和群体素质。我国用人的标准是"德才兼备"、干部"四化"。因此，无论是领导者个人或群体，其素质要求都包含五个方面：政治思想素质、业务知识素质、工作能力素质、气质修养素质和身体健康素质。研究领导者群体的素质，即常说的领导班子结构优化问题，就是要按照素质互补、合理搭配的原则来选配班子成员。

不同的行业组织，不同的管理层次，不同的工作职务，对管理者素质的要求是有差别的，所以应当具体情况具体分析，将素质要求进一步具体化。

第二方面是领导方法和领导艺术。我们着重介绍了我国的基本领导方法（群众路线）和十种具体领导方法，以及我国的领导艺术。这些都是在长期实践中形成、经过检验、行之有效的宝贵财富，应当继承和发扬。此外，也介绍了西方有关领导方式的主要理论，供参考借鉴。

第三方面是员工的激励问题。激励首先同对人性的认识有关，所以先介绍我国和西方的人性理论，它们之间有共通之处。接着介绍西方的激励理论（包括几种激励内容理论和激励过程理论），它们对我国都有极大的参考价值。最后介绍我国的激励方式和原则。

本章的一个突出特点是"中国化"的程度比较高，以我为主，也引进了西方的有关理论供参考选用。

## 二、基本知识勾勒

领导的含义和作用
对领导者个人素质的要求
对领导者群体素质的要求
我国的基本领导方法
我国的具体领导方法
西方有关领导方式的理论
我国的领导艺术的内容
员工激励的意义
人性理论
西方的激励理论
我国的激励方式和原则

## 三、学习目的要求

学习本章的目的要求是：

了解：领导的含义和作用，对领导者个人和群体的素质和要求，对员工的激励的意义。

理解：领导班子结构的优化问题，西方有关领导方式的理论，领导艺术的内容，人性理论，西方的激励理论。

掌握：我国的基本领导方法和具体领导方法，我国的激励方式和原则。

运用：举出实例来说明群众路线、"解剖麻雀""弹钢琴"等领导方法的运用；联系实际来阐述一些领导艺术（如以身作则、严于律己、宽以待人、兼听则明、偏信则暗等）的重要意义；联系实际来论证物质激励与精神激励相结合的原则。

## 四、重点难点解析

### （一）领导的含义和作用

领导是一个多义词，可等同于指导、指挥、统率、管理等。我们在这里把它理解为管理的一项重要职能，是指管理者对其下属人员进行指导、指挥、教育、激励，施加影响，以统一员工意志，调动员工积极性，实现组织使命和目标的一种管理活动或行为。

领导职能的作用表现在下述几方面：

（1）员工对如何履行职责、执行职权、实现组织的目标和计划，对于一些新情况和新问题应如何处理，是需要管理者的引导、指导的。

（2）管理者认为必要时，可向其下属下达命令或指示，指挥他们的行动，这是为了统一意志、统一行动而赋予管理者的职权之一。在这方面，我国总结的经验是：管理者可以越级检查其下属的工作，但不可越级指挥；其下属可以越级向他反映情况，但不可越级请示工作。

（3）员工既需完成组织的目标，又有他们自己的目标和需要。这就要求管理者做好教育和激励工作，把他们的精力引向组织目标，又尽可能满足他们的合理需要，以充分调动他们的主动性和积极性，使其自觉地为组织做贡献。

### （二）对领导者个人素质的要求

领导者的素质是指他所具有的在领导活动中经常起作用的基本条件或内在因素。它具有后天性（反对"天赋论"）、综合性、相对性、层次性等特点。

我国用人的标准是"德才兼备"、干部"四化"。因此，对领导者个人素质的要求包括下列五个方面的素质：

（1）政治思想素质。这是指在政治立场、政治方向、政治品德、思想作风等方面应具备的素质，具体包括理论素质、纪律素质、民主法制素质等。

（2）业务知识素质。这一般应包括自然科学、社会科学的基础知识和本行业的专业知识。领导者的知识最好具有"T"型结构，即在"专"的基础上向"博"的方向发展。

（3）工作能力素质。这包括逻辑思维、预测决策、组织指挥、选才用人、协调控制、开拓创新、灵活应变、社会交往、语言表达、管理自己时间等方面的能力。

（4）气质修养素质。心理学家将人的典型气质分为胆汁质、多血质、粘液质、抑郁质四种。领导者应不断提高自身的气质修养，发扬气质的积极面而克服其消极面。

（5）身体健康素质。领导者不但要身体健康，精力充沛，而且要思路敏捷，判断迅速，记忆良好。

上述要求对不同行业组织、不同管理层次、不同工作职务的领导者是有所不同的，所以还要具体情况具体分析。

### （三）对领导者群体素质的要求

现代组织通常不是由一个领导者，而是由一个领导群体即领导班子来领导的。所以不仅要重视领导者个人的素质，还要重视领导者群体的素质，这就是领导班子结构的优化问题。所谓领导班子结构，就是班子成员在各种素质方面的组合情况；所谓班子结构优化，就是要按照素质互补、合理搭配的原则，选配班子成员，做到"整体大于部分之和"，即班子的效能大于每个成员才能的简单总和。

对领导者群体素质的要求仍然是"德才兼备"、干部"四化"。具体包括下述五个方面：

（1）良好的精神动力结构。对主要领导者的政治思想素质要求特别高，通过他的表率作用去引导班子其他成员的行动，形成合力。

（2）复合的业务知识结构。应将具有不同专业知识的人才组合起来，实现知识互补。

（3）叠加的工作能力结构。应将具有各种能力特长的成员组合起来，实现能力互补。

（4）协调的气质修养结构。应将具有不同气质修养的成员组合在一起，实现气质互补。

（5）梯形的年龄结构。应当是老、中、青相结合，中、青年的比例大些。这样可以发挥不同年龄的成员的特点，取长补短，还有利于新老干部交替，保持班子的连续性和稳定性。

**（四）我国的基本领导方法**

群众路线是我国创造的普遍适用于各项工作的基本的领导方法，毛泽东对此有深刻的分析论述。

群众路线就是从群众中来，到群众中去；也就是深入群众，将群众中分散的无系统的意见集中起来，化为集中的系统的意见，又到群众中去作宣传解释，化为群众的意见，使群众坚持下去，见之于行动，并在群众行动中考验这些意见是否正确。然后再从群众中集中起来，再到群众中坚持下去，如此无限循环。

群众路线包含了两方面的内涵：①一般和个别相结合。这是指既有一般的普遍的号召，又要选择少数单位具体地将所号召的工作深入实施，借以取得经验，指导其他单位。②领导和群众相结合。这是指必须形成一个以主要负责人为核心的领导骨干，并使他们同广大群众密切结合起来。

**（五）我国的具体领导方法**

在基本领导方法指导下，我国又创造了一些具体的领导方法。主要有下列几种：

（1）开调查会。这是常用的调查研究方法。

（2）典型调查或"解剖麻雀"。根据辩证唯物论"任何事物都存在普遍性和特殊性"的原理，选择典型事物进行调研，求得对普遍情况的了解。

（3）抓中心工作和"弹钢琴"。中心工作就是当时当地的主要矛盾。对中心工作，必须集中力量，精心指导，一抓到底，抓出成效。但又不能"单打一"，既要抓住重点，又要照顾一般。

（4）要"抓紧"。这就是抓落实，包括思想落实、组织落实和工作落实。

（5）留有余地。领导者在提任务、订计划时，不能"满打满算"，而必须适当留有余地，以适应客观环境变化，弥补人们的主观失误，还要求在资源的分配使用上留有必要的后备。

（6）抓两头，带中间。这是从事物发展不平衡引出的领导方法。任何群体总有先进、中间、后进之分，而且总是"两头小，中间大"。因此，要着重抓两头，以带动中间，效果比平均使用力量更好。

（7）说服教育，典型示范。这是从群众观点引出的领导方法。对群众做工作，必须用民主的说服教育的方法，不能强迫命令；还要善于发现典型，以实际的榜样示范带动。

（8）三结合。20世纪50年代后期，我国企业为解决生产技术（管理）难题，创造了领导干部、技术（管理）人员和工人代表三结合；现已广泛推广，还发展为领导机关、企业、科研单位（高校）的三结合。

（9）关心群众生活，照顾群众切身利益。这是一个领导原则，又是领导方法。

（10）发挥领导班子作用。毛泽东总结的党委会的工作方法，对行政领导班子也适用。

### （六）西方有关领导方式的理论

最具代表性的理论有如下几种：

（1）连续流理论。坦南鲍姆和施密特二人提出了七种领导方式，由领导者根据自身的因素、职工因素和环境因素来选择采用。这实际上是权变理论的运用。

（2）利克特模式（又称密歇根研究）。利克特列举出四种领导方式，他极力推崇其中的"参与式的民主领导"，强调管理要以人（职工）为中心。

（3）俄亥俄四分图（又称俄亥俄州立大学模式）。史托格迪尔和沙特尔两位教授发现领导行为可分为工作行为（高度关注工作）和关系行为（高度关注与下属的关系），强调领导者要善于加以调节。

（4）管理方格图。它是布莱克和穆顿在俄亥俄四分图的基础上发展而成的。他们将"关心生产"和"关心人"两因素各分9级，得出81种领导方式，并认为只有高度关心生产又高度关心人的那种方式最为理想。

（5）领导寿命周期理论。这是以俄亥俄四分图为基础，加上被领导者的"成熟度"来选择的领导方式。随着员工为不成熟—初步成熟—比较成熟—成熟，领导方式也就为命令式—说服式—参与式—授权式。这同人的寿命周期相似。

（6）权变领导模式。菲德勒同样选择"关心人"和"关心生产"两种领导方式，但不认为应将二者适当结合，而应同环境状况紧密结合加以选择。经他分析，在环境对领导者是否有利处于中间状态时，"关心人"的领导方式较好；在对领导者非常有利或非常不利的环境中，则"关心生产"的领导方式较好。

（7）途径-目标理论。罗伯特·豪斯将领导方式分为指导型、参与型、支持型、成就导向型四种，要求按照环境因素、下属素质因素来加以选择。所以这也是一种权变理论。

### （七）我国的领导艺术的内容

领导艺术是领导者在领导活动中表现出来的工作技巧。它具有经验性、灵活性、多样性、实践性、技巧性、创造性等特征。领导艺术很难概括，我们这里将它概括为待人的艺术、办事的艺术、管理时间的艺术三大类。

在待人的艺术中，列举了待人要公正坦诚，以身作则、为人表率，严于律己、宽以待人，兼听则明、偏信则暗，和为贵、团结就是力量，尊重下属，动之以情、晓之以理，表扬有方、批评得法，要善于做思想工作等。

在办事的艺术中，列举了抓大事、顾全局，贵实干、戒空谈，尽力排除干扰，知难而进，居安思危，开好会议等。

在管理时间的艺术中，列举了有效安排时间计划，当日工作当日做，充分利用时间，尽量避免"无效功"等。

### （八）员工激励的意义

激励的目的在于发挥人的潜能。它包含激发动机、鼓励行为、形成动力的意义。工作绩效取决于人的能力和激励水平，每个领导者都应重视对员工的激励。

### （九）人性理论

在我国有三种人性理论：①以孔子、孟子为代表的"人性善"论；②以荀子为代表的"人性恶"论；③以汉代扬雄为代表的"人之性也善恶混，修其善则为善人，修其恶则为恶人"论。

西方的人性理论主要有：

1. 麦格雷戈的"X 理论"和"Y 理论"

麦格雷戈认为，自泰罗以来的管理理论对人性的假设可叫作"X 理论"。其要点是：人的天性好逸恶劳，逃避工作；缺乏进取心，怕负责任，宁愿受人领导；以自我为中心，对组织的需要漠不关心，而自身的安全需要高于一切。

因此，这些管理理论或主张用严格、强硬的办法，或主张用松弛、温和的办法，都不能有效地调动员工的积极性。

他认为正确的人性观可称为"Y理论"。其要点是：人并非天生厌恶工作，只要工作环境良好，人们工作起来就像游戏和休息一样自然；人能主动承担责任，能实行自我管理；人具有丰富的想像力和创造力，如把奖励同实现组织目标联系起来，即可充分发挥其智力潜能。按照"Y理论"，麦格雷戈提出应当采用参与制管理，将员工从严密的控制中解脱出来，给予一定权力，让他们承担一定责任，鼓励他们为实现组织目标而进行创造性的劳动。

2. 莫尔斯和洛希的"超Y理论"

莫尔斯和洛希认为，"X理论"和"Y理论"是对人性的两种假设，不能说"Y理论"一定优于"X理论"，因为人的需要是多样化的，不同的人有不同的需要，同一个人在不同的时间、地点也会有不同的需要，各个组织的性质、目标不同，人们的能力和需要也各异。因此，管理方式应根据具体情况而定，该用"Y理论"就用"Y理论"，该用"X理论"就用"X理论"，不存在适合于一切情况的最佳管理方法。这就是"超Y理论"的要点，它是一种权变理论。

3. 威廉·大内的"Z理论"

这一理论的基本要点是：信任、微妙性、人与人之间的亲密性。这三者都属于道德范畴。日本企业正是充分运用了道德因素来调整管理过程中的人际关系，所以获得了成功。他根据"Z理论"，设计了"Z型管理模式"，向美国推荐。

（十）西方的激励理论

有代表性的激励理论主要有以下几种：

1. 马斯洛的"需要层次理论"

马斯洛将人们的多种多样的需要归纳为五种：生理需要、安全需要、归属需要、尊重需要、自我实现的需要。五种需要形成一个层次（等级），低一级的需要基本得到满足后，才能产生高一级的需要。因此，采取的激励策略应当适应不同员工的需要等级，越是高级的需要，实现的难度越大，其激励力也越强。

2. 赫茨伯格的"双因素理论"

这个理论的要点是：

（1）提出满意的对立面是没有满意，不满意的对立面是没有不满意，而不是像传统观念那样认为满意的对立面就是不满意。

（2）能使员工感到满意的因素，如工作进展、工作成就、领导赏识、提升、个人前途等，称为激励因素。会使员工感到不满意的因素，如公司的政策制度、工作条件、报酬福利、人际关系等，可称为保健因素。保健因素再好，也不会使员工满意，而是没有不满意，所以不产生激励作用。

（3）激励因素与工作内容有关，保健因素与工作条件有关，二者类似内因与外因的关系。管理者应特别重视激励因素，但对保健因素也不可忽视。

赫茨伯格的理论与马斯洛的理论很相近。"激励因素"相当于尊重需要和自我实现的需要，而"保健因素"则相当于生理、安全和归属的需要。不同之处是，马斯洛将五种需要的满足都看作激励，而赫茨伯格则认为只有高级需要的满足才算是激励。

3. 麦克里兰的"成就激励理论"

麦克里兰着重研究高级管理人员的激励，他认为成就需要是关键因素。这个理论的要点是：

（1）具有强烈成就需要的人希望面临的是"风险"与"挑战"。要承担风险，迎接挑战，才更具刺激性与满足感，更能显示自己的能力。

（2）管理者要把具有强烈成就需要的人放在关键岗位上，以激发其成功的动力。

（3）通过教育和培训，可以造就出具有高成就需要的人。这样的人越多，越利于组织的兴旺发达。

4. 伏隆的"期望理论"

伏隆着重研究激励过程，即有关激励的因素如何起作用。这一理论的基本模式为：

$$激励力 = 效价 \times 期望值$$

式中，激励力指调动员工积极性、激发其内在潜力的强度。

效价，又称行为后果的强度。行为后果是指某一行为导致的结果，例如努力工作可能增加工资、晋升职务或受到别人尊重，违反劳动纪律就会受到处分。其强度是指人们对此后果的期望程度。如果期望得到，则强度为正值，为0~1；如果对此后果漠不关心，则强度为0；如果不愿得到此后果（如不愿受处分），则强度为负值，为0~-1。负强度不一定不好，如怕受处分就不去违反纪律。正强度和某些负强度都对员工有激励作用，不过前者是从正面鼓励，后者则通过威胁、危机感等作用达到激励的效果。强度的估计纯粹是主观的，是因人因时因地而异的。

期望值是指采用某种行为而获得预期后果的概率，为0~1。例如勤奋工作，增加工资或晋升职务的可能性很大，则期望值或许是0.9；反之，如平均主义盛行，干多干少一个样，则期望值为0。期望值也是主观估计的。

激励力的大小与两个因素有关，可视为它们的函数。如努力工作可增加工资，正是本人所期望的，则效价为0.9；假如企业的考核逗硬，奖惩分明，则期望值也为 0.9。这样，激励力将是 0.9×0.9＝0.81。假如本人对增加工资不感兴趣，则效价为 0，纵使期望值为 0.9，激励力也为 0。又如效价为 0.9，但企业平均主义盛行，期望值为 0，则激励力也为 0。

伏隆据此指出，为了激励员工，一是要使他们对行为后果的强度增大，二是要使期望值升高，以增强激励力。

5. 亚当斯的"公平理论"

亚当斯提出，一个人对自己的报酬是否满意，不只看绝对值，更重要的是看相对值，即个人的报酬与贡献的比率，并且要进行横向（与他人）比较和纵向（历史的）比较。假如个人的比率与他人相当，则认为公平合理，从而激发动力；反之，如本人比率低于他人，或低于本人历史水平，则认为不公平合理，影响工作积极性。

此理论有两点启示：

（1）公平不是平均主义，也不是按需付酬。

（2）在组织内部，工资、奖金、职务晋升、职称评定等，都有一个公平的问题，必须引起重视，消除不公平现象。

### （十一）我国的激励方式和原则

我国的激励方式有下列几种：

（1）目标激励。前面第六章第三节已说明目标对员工有激励作用。

（2）组织激励。这是组织运用责任和权力以及推行民主管理对员工进行的激励。

（3）荣誉激励。这是运用表扬和授予奖状、奖章、奖旗及荣誉称号等进行的精神激励。

（4）物质激励。这包括工资、奖金、福利等。

（5）制度激励。如用工制度、考勤制度、考核制度、奖惩制度等，可以激励职工，规范职工的行为。

（6）环境激励。如改善工作环境，创造良好的工作条件；领导者重视感情投资，关心爱护职工；增强团结，形成良好的人际关系等，都可以增强组织的凝聚力，起激励员工的作用。

我国的激励原则有以下几条：

（1）物质激励与精神激励相结合。要善于利用这两类激励手段，既反对"精神万能"，又反对"金钱万能"和一切形式的拜金主义。

（2）个体激励与群体激励相结合。个人荣誉与集体荣誉、个人利益与集体利益的有效结合，才能调动全体员工的积极性。

（3）既全方位调动积极性，又使激励效益成本低。要分析激励的投入产出和效益成本，做到既提高组织绩效，又使绩效成本降低。

（4）因人因事不同，掌握好激励的方式、时间和力度。不同的人有不同的需要，激励方式应因人制宜。激励具有时效性，时过境迁的奖惩起不到激励作用。激励力度要恰当，过度的奖惩往往会带来负面效应。

## 五、练习题汇

### （一）单项选择题

1. 管理方格图的创立者为（　　）。
   A. 坦南鲍姆和施密特　　　　B. 利克特
   C. 布莱克和穆顿　　　　　　D. 菲德勒
2. 马斯洛提出的激励理论是（　　）。
   A. 需要层次理论　　　　　　B. 双因素理论
   C. 期望理论　　　　　　　　D. 公平理论

### （二）多项选择题

1. 领导者个人的素质包括（　　）。
   A. 政治思想素质　　　　　　B. 业务知识素质
   C. 工作能力素质　　　　　　D. 气质修养素质
   E. 身体健康素质
2. 我国的激励方式主要有（　　）。
   A. 目标激励　　　　　　　　B. 荣誉激励
   C. 物质激励　　　　　　　　D. 个人激励
   E. 群体激励

### （三）判断分析题

1. 领导班子结构就是班子中各类成员的数量比例关系。
2. "三结合"的领导方法就是将企业的高层管理者、中层管理者和基层管理者三者结合起来。

### （四）简答题

1. 简述领导职能在管理过程中的作用。
2. 为什么说"超Y理论"属于权变理论？

### （五）论述题

1. 我国总结出的基本的领导方法是什么？
2. 在我国管理实践中，对员工的激励应遵循哪些原则？

## （六）案例分析题

### 案例1：通用有限公司

某市通用有限公司的总经理王先生刚收到计财部关于公司最近情况的报告。他阅后很不高兴，因为销售额下降，成本上升，利润减少，用户的申诉增加，人员流动率也在升高。他立即召开中层以上干部会。会上他说："我看了最近的报告，发现公司的绩效不佳，这应归咎于你们的领导不力。我看到不少员工在上班时间随意串岗，公司变成了俱乐部。员工们关心的是少干工作，多拿工资和奖金。现在需要更严格的监督和更多的控制。他们不好好干，先警告一次；再不行，就炒他们的鱿鱼！"

与会干部听后都不发言，只有一位年轻干部胡蓉提出，她对公司是否应该这样严格控制表示怀疑。她说："人们基本上是要工作、想贡献的，只要有机会，他们都想把工作做好。公司或许还未把职工的潜力真正利用起来，因为职工都有较高的文化程度，都想参与决策过程。"她建议总经理向职工说明公司当前的处境，然后请他们帮助提高生产率。

王先生对胡蓉的话感到吃惊，心中暗想她肯定是在业余学习工商管理硕士（MBA）学位课程时，被一些新鲜观点迷住了。于是，他突然宣布休会，并命令与会干部下周星期一再开会，汇报各自在强化控制方面拟采取的特别措施。

**分析问题：**

1. 总经理对人性的观点是什么？他采取的是什么领导方式？胡蓉的发言暗含的人性观点又是什么？她建议的是什么领导方式？

2. 假如你是公司聘请的顾问（但非公司在册职工），也参加了这次会议，你将向总经理提出什么改善公司经营状况的建议？

### 案例2：某服装厂的激励计划

某厂专门生产妇女时装及饰件，经济效益好。该厂人事科科长张雯刚从一个管理研修班上归来。这个班主要研究人员的激励理论。张雯对马斯洛和赫茨伯格二人的理论有深刻印象，决心立即在工厂加以运用。她认为这个厂的工资水平已居于同行业的前列，现在应当强化赫茨伯格所说的"激励因素"。

张雯说服了厂领导，制订了一个激励计划，强调领导赏识、加大个人责任、重视成就、增强工作的挑战性等，要求职工经常开会，互相评议，记录优缺点，对表现突出者及时表扬或提升。这个计划实行了数月之后，她困惑地发现事情的发展并非如她所预料。

服装设计师们对计划的反应最不积极。有些人认为他们的工作本来已具挑战性，他们的成就感是靠超过各自的销售定额去实现的，他们的工作成绩明显可见，而这个新计划对他们来说纯粹是浪费时间。裁剪工、缝纫工、熨烫工和包装工们的感受则多种多样。有些人对实施新计划而获得赏识做出了良好的反应；另一些人则认为，这个计划不过是厂领导要求他们更加卖力工作，却不多给工资。工会的领导人也赞同后一部分人的观点，对计划提出公开批评。

职工的反应如此分歧，厂领导对张雯很不满意，打算停止执行新计划。张雯去请教工厂的管理顾问，顾问说她是把激励理论过分简单化了，理论的运用要从实际出发。

**分析问题：**

1. 你认为，这个计划何以遇到这样多的困难？管理顾问说张雯把激励理论简单化，是什么意思？

2. 假如你是人事科科长，你将怎么办？是否应停止执行新计划？

# 第 十 章

# 控　制

## 一、本章内容指点

组织业务活动的进行，需要密切跟踪监测，以发现实际运行的结果与预定目标、计划的要求是否一致。如发现不一致，即出现偏差，就应查明原因，研究是否采取措施，纠正偏差，以保证预定目标、计划的实现。必要时，也可以修改预定的目标、计划。这些活动就是管理的控制职能。

本章首先介绍控制的含义和分类，再着重分析其三步走的程序。其中，建立标准时有关"差异容许值"的制定，发现偏差时是否需要采取纠偏措施，应采取什么措施，都是控制职能中的决策问题。

其次，介绍了预算控制、非预算控制、全面绩效控制等多种控制方法。这些方法可以选择采用，也可以同时结合起来使用。但应注意控制的有效性和效率，并不是采用的控制方法越多越好，控制力度越大越好。如将控制作为施行专制统治的手段，则更会导致众叛亲离，事业失败。

最后介绍战略控制的方法及其执行中应注意的问题。战略控制是对战略规划实施过程所进行的控制，由于战略规划是一个中长期规划，其实施期限往往长达数年，所以需要有独特的控制方法。这里介绍了前提控制、执行控制和战略监视三种方法，可以结合起来使用。

从第六章计划到本章为止，管理的五职能构成了管理过程的一个循环，旧的循环结束，新的循环又开始，如此持续下去。在这个过程中，组织结构和人员配备是相对稳定的，所以在初始循环设计好组织结构、配备好全部人员之后，后续的循环只需要考虑结构的局部调整（必要时改革）和局部的人员进出及调配，而无须重新设计结构和配备全部人员。

## 二、基本知识勾勒

控制的含义和分类
控制的基本程序

预算的概念和种类

预算控制的过程和优缺点

非预算控制的方法

全面绩效控制的方法

战略控制的方法

战略控制实践中的问题

## 三、学习目的要求

学习本章的目的要求是：

了解：控制的含义和分类，预算的种类，现代战略控制的方法。

理解：预算控制的过程及其优缺点，非预算控制的方法，全面绩效控制的方法，战略控制实践中的问题。

掌握：控制的基本程序。

运用：联系实际说明反馈控制和预先控制、直接控制和间接控制之间的差别及其重要意义。

## 四、重点难点解析

### （一）控制的含义

广义的控制是指为保证实际工作能与计划一致而采取的一切行动。狭义的控制则是指按照目标、计划衡量计划的完成情况，发现偏差，查明原因，采取措施，纠正偏差，以保证目标、计划的实现。我们是从狭义来理解控制职能的。

理解控制的含义，要掌握以下几点：

（1）控制是管理过程的一个阶段，它同计划、组织、人事、领导诸职能构成管理活动过程。

（2）控制是一个发现问题、分析问题、解决问题的过程，即发现、分析和解决业务活动中的与预定目标、计划不一致之处（偏差）。

（3）控制需要一个科学的程序：标准的确立，实际绩效同标准比较，偏差的纠正。

（4）控制的前提条件：标准可以衡量且已有衡量方法，有衡量实际绩效与标准之间的差异的方法，有调整预定标准的方法。

（5）控制的目的是保证预定目标、计划的实现，必要时也可以修改或调整目标、计划。

**（二）控制的分类**

控制可按不同的标准来分类。

（1）按控制活动的重点不同，可分为三类：

反馈控制：控制的重点是业务活动过程的结果，发现此结果同原定目标、计划之间的偏差，然后采取措施加以纠正。

现场控制：控制的重点是业务活动过程本身，监督正在进行的操作，保证按目标、计划办事。

预先控制（又称前馈控制）：控制的重点是业务活动过程的投入，发现此投入同原定目标、计划的偏差，预防业务活动的结果出现偏差。

（2）按控制来自何方划分，可分两类：

内部控制（又称自我控制）：各部门、单位自定目标，自我控制。

外部控制（又称他控）：下级单位受上级控制，被领导者受领导者控制。

内部控制也可称为分散控制，外部控制也可称为集中控制。

（3）按控制对象划分，可分两类：

成果控制：控制对象是业务活动过程的成果，这是控制职能的核心。

过程控制：控制对象是业务活动过程本身，这是成果控制的保证条件。

（4）按控制手段划分，可分两类：

直接控制：即采用行政手段来控制。

间接控制：即采用非行政（经济、法律等）手段实施的控制。

（5）按控制的业务内容划分，不同性质的组织有所不同。如工商企业，就有进度控制、质量控制、库存控制、成本控制、财务控制等。如学校、医院、政府机关，则有工作进度控制、工作质量控制、经费预算控制等。

**（三）控制的基本程序**

控制的基本程序包括三个步骤：

1. 标准的建立

标准代表人们期望的绩效，是衡量实际绩效是否满意的依据。一般的标准就是计划职能所制定的目标、计划、预算等，也包括依据这些目标、计划等新定的具体标准。

在制定上述标准时，还应当考虑"差异容许值"，类似于"公差"。当实际差异在此容许值范围之内时，视同无差异；只有在实际差异超出容许值范围时，才认为出现了偏差。

2. 实际绩效同标准相比较

这一步骤包括按照标准监测业务活动的实际运行情况，并将监测结果告知负责采取纠正措施的人员。此处所谓监测结果有两层含义：一是已产生的结果，

98

二是预测将会产生的结果。无论何种结果，都要以收集的大量信息为基础。

将实际绩效同标准相比较，可能发现三种情况：①实际同标准完全一致，即无偏差，这是极为少见的情况。②实际超过了标准要求，即正偏差。③实际达不到标准要求，即负偏差。发现了正偏差和负偏差，此情况是否正常、良好，需作具体分析，再决定是否需采取纠正偏差的措施。

对于需采取纠偏措施的偏差，尚需加以界定，即给予确切的说明。它包括：①偏差的性质，是正偏差还是负偏差，是关键性偏差还是一般性偏差，是经常发生还是偶尔发生的，等等。②偏差影响的范围大小。③偏差发生的地点。④偏差发生的时间。界定偏差是为进一步查明原因、采取纠偏措施打下可靠基础。

3. 偏差的纠正

负责采取纠偏措施的人员在获知上述经过界定的偏差后，首先是查明产生偏差的原因。这些原因大体可分为三类：①业务活动实际执行中的问题，如人员安排不当、生产技术准备不足、预定技术组织措施未能采用或生效等；②原定的标准（目标、计划等）有问题，如对环境估计失误导致标准过高、在标准制定后客观环境发生了巨大变化导致标准脱离现实等；③上述两类原因兼而有之，这就需进一步分析两类原因中谁是主要的。

在查明原因后，即应采取纠正偏差的措施。前已提及，偏差有已经发生的和预测将要发生的两种。对于已发生的偏差，若其产生原因比较复杂，一般应先采取临时性措施，使问题暂时缓解或终止，再采取能治本的纠正性措施；若原因比较简单，则可直接采取纠正性措施。对于将发生的偏差，应采取预防性措施去纠正。

由于偏差产生的原因不同，纠正性措施也可以分为三类：①纠正业务活动实际执行中出现的问题，以保证原定标准的实现；②修改或调整原定的、已脱离现实的标准，使之切合实际；③同时采取上述两类措施。

通过发现偏差和纠正偏差，还会反映出控制工作存在的问题（如信息系统数据不足、反映不及时等），应随之加以解决，使日后的控制更为有效、更加经济。

**（四）预算控制的过程和优缺点**

预算是一个组织以货币为单位、用财务方面的术语来表述的，对未来预期的业务活动做出的清单。在计划一章中，我们已指出它属于计划工作的内容。以预算为标准进行的控制活动，就称为预算控制，这里的预算又成为一种控制工具。

预算控制过程包括下列几个步骤：

（1）编制预算，作为控制依据的标准；

（2）将预算的执行情况同预算相比较，发现偏差；

（3）查明偏差产生的原因，采取纠偏措施。

预算控制应用广泛，因为它具有明显的优点，主要表现在：

（1）它可以对组织中复杂多样的业务采用一种共同标准（货币尺度）来加以控制，便于对各种不同业务进行综合比较和评价；

（2）它采用的报表和制度，人们早已熟悉，在会计上已使用了多年；

（3）它的目标集中指向组织业务获得的效果，即增收节支，并取得盈利；

（4）它有利于明确组织及其内部各单位的责任，有利于调动所有单位和个人的积极性。

然而预算控制也有其缺点，主要表现在：

（1）它有算得过细的危险，可能束缚管理者必需的管理自主权；

（2）它缺乏弹性，有管得过死的危险；

（3）它容易导致管理者热衷于"按预算办事"，让预算取代组织目标的危险；

（4）它有鼓励虚报、多报支出或少报收入以便自己能轻松完成预算的危险。

### （五）预算的种类

预算的种类很多，组织活动的每个方面都可以编制预算。以企业为例，主要的预算就有收支预算、现金预算、投资预算和资金平衡预算等。

### （六）非预算控制的方法

（1）亲自观察。如西方企业推行的"走动管理"。此法主要运用于现场控制、过程控制。

（2）报告，包括专题报告。

（3）盈亏平衡分析。在前面第五章第四节介绍的确定型决策方法之一，即盈亏平衡分析法，又是一种控制方法，可用于控制不同生产销售水平下的利润数和成本数。

（4）网络计划技术，包括 CPM 和 PERT。它们既是计划方法，又是控制方法，特别适用于一次性工程。

### （七）全面绩效的控制方法

（1）经济核算。它与计划工作相配合，严格地、尽可能准确地控制、核算和分析组织从事业务活动的成果和消耗、收入和支出、盈利和亏损，以促进组织加强管理，提高工作效率和效益。

企业的经济核算已发展为全面经济核算，它以实现组织总体目标为中心，把各部门、单位的经济核算结合起来；以计划、财务部门为中心，把各个职能部门的经济核算结合起来；以专业核算为主导，把专业核算同群众核算结合起来。

（2）用资金利润率进行控制。它是美国杜邦公司首创、已在工业界得到广泛应用的财务控制系统，以图10-1解析。

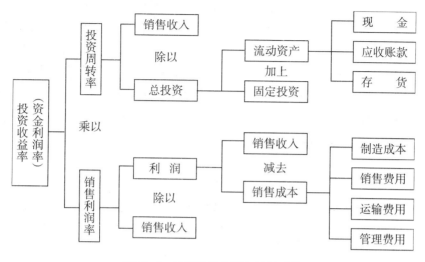

**图 10-1　杜邦公司的财务控制系统**

图 10-1 中，资金利润率的计算公式如下：

$$资金利润率=利润总额/资金总额$$
$$=（利润总额/销售收入）×（销售收入/资金总额）$$
$$=销售利润率×资金周转率$$

从图10-1可看出，对资金利润率的分析可以涉及企业生产经营的各个方面，从而对它们进行控制。

（3）要项控制。这是抓主要项目的控制来达到控制全面绩效的方法，例如企业把产品质量、物资消耗和经济效益三个要项抓住，即可对全面绩效进行控制。

（4）内部审计与控制。这是由组织内部审计人员对组织的会计、财务和其他业务活动所做的定期的独立的评价，目的是强化全面绩效控制。

**（八）战略控制的方法**

战略控制是对战略规划实施过程所进行的控制。由于战略规划是一个中长期规划，实施周期长，就需要有独特的控制方法。现代战略控制方法主要有下列三种：

（1）前提控制。战略规划的制定是以组织内外环境的调研和预测得出的战略要点（机会、威胁、优势、劣势）为前提的。所谓前提控制，就是在规划实施过程中，继续密切关注内外部环境的发展变化，关注作为规划前提的战略要点的变化，考虑原定规划是否需要变革。

（2）执行控制。这是对战略规划实施过程本身的控制，常采用里程碑分析、中间目标分析、战略底线分析等方法。也就是设定实施过程中的里程碑、中间目标、必须达到的要求（必保底线）等，通过监测实际执行情况，考察设定的这些标准是否达到，偏差如何，再决定采取何种纠偏措施，以保证战略目标的实现。

（3）战略监视。这是在战略规划实施过程中继续密切调研组织内外部环境，极为广泛地关注可能影响组织战略实施的一切重大事件和趋势（而不限于战略规划的前提），及时采取对策。

### （九）战略控制实践中的问题

为了加强战略控制，需要解决好以下问题：

（1）克服战略控制的障碍。这些障碍可分三类：①体系障碍。它产生于控制系统设计上的缺陷，如系统的范围、复杂程度和要求与组织现有管理能力不相适应等。②行为障碍。它产生于控制系统同组织高层管理者的思维方式、经常习惯及组织文化不相协调。③政治障碍。它产生于控制系统的运行影响到组织内部某些权力集团，招致那些集团的不满，或者某些权力集团为其自身利益而不愿将不利的信息如实报告（报喜不报忧）等。这三类障碍都应当设法消除。

（2）战略控制需保持一定的灵活性，以适应外部环境的不确定性。

（3）要激励高层管理者对企业目标的实现承担责任，但战略目标的确定会遇到困难，需加以克服。

（4）保持各级管理者之间的相互信任。信任是管理者的重要特点之一，它能创造一种安全气氛。相互信任要求双方一致认同控制标准的合理性，要求双方都能充分信任对方的能力，相信实际执行情况会得到组织合理的判断。

## 五、练习题汇

### （一）单项选择题

1. 将重点放到组织业务活动的投入上的控制称为（　　　）。

    A. 反馈控制　　　　　　　　　　B. 现场控制

    C. 预先控制　　　　　　　　　　D. 间接控制

2. 盈亏平衡分析法属于（　　　）。

    A. 预算控制法　　　　　　　　　B. 非预算控制法

    C. 全面绩效控制法　　　　　　　D. 组织内部审计法

## （二）多项选择题

1. 如按控制对象来划分，控制可分为（          ）。

   A. 内部控制              B. 外部控制

   C. 成果控制              D. 过程控制

   E. 现场控制

2. 现代战略控制的方法主要有（          ）。

   A. 前提控制              B. 预先控制

   C. 执行控制              D. 反馈控制

   E. 战略监视

## （三）判断分析题

1. 管理者行使其控制职能就是对其下属实行严密监督、严格考核和奖惩。
2. 直接控制较之间接控制更加可靠，更加有效。

## （四）简答题

1. 什么是内部控制和外部控制？
2. 全面绩效控制的方法一般有哪些？

## （五）论述题

1. 试述控制的基本程序。
2. 什么是预算控制？它有何优缺点？

## （六）案例分析题

**案例 1：电力建设公司的预算控制**

一家大型电力建设公司聘请了某独立的审计事务所对公司进行审计。事务所的审计师们考察完公司的运营活动后，感到需要密切注意的是新建设工程的预算控制。

审计师们发现，大多数新建工程的设计（包括预算）都是公司总部的一位项目经理编制的，而在编预算时，他只是参考过去类似工程项目的费用，再以各种理由简单地加以放大。在过去两年间，多数预算都被远远高估了（附带说明，正是大约在两年前，这位项目经理被授以编制预算的主要责任）。项目经理需将其预算呈送公司的支出控制委员会，该委员会由一些对预算无多大兴趣的高级经理们组成。项目经理随时还向委员会呈报追加预算的报告，大多数报告都获得批准。

主审计师还发现，那些工程项目的团队成员只要他们认为预算许可，就总是去拉长竣工周期；换言之，他们总是调整自己的生产效率，使之与项目所分到的资金相适应。

审计师们注意到，别的承包商可以在资金减少20%的条件下完成类似的工程。他们的结论是：电力建设公司的控制系统必须重建。

**分析问题：**

1. 你认为电力建设公司目前的预算控制系统有哪些不足之处？

2. 假如你参加了这次审计，你将对控制系统重建提出什么建议？

### 案例2：计算机化的控制系统

某医药公司规模较大，在全国设有20个销售服务中心。由于同行业的许多中小企业都已将计算机应用于记录保存和账务处理，这家公司的总裁感受到巨大的压力。她要装备一个计算机化的控制系统，为公司及销售服务中心记账。

过去，公司的收支都是用手工作业方式处理的，会计部门只有两个负责人和五个会计员。账表比较简化，一张日报就显示出包括20个销售中心的数据。工资计算也类似，工资单通常都能在24小时之内处理完毕。

公司邀请了几家计算机公司去考察。他们的分析是，要想通过计算机化来节省人力和费用，几乎是不可能的。但有一家公司提供的新型数据处理系统相当令人信服。公司顾问预测，如采用此系统，将有几个好处：信息处理加快，业务信息更详尽，费用可节约。

信息控制系统被采用了。两年以后，总裁听到的汇报是："采用计算机以前，会计部门仅7人，现增至9人，外加数据处理中心还有7人。要从计算机得到输出确实只需几分钟，但是我们要把最后一个销售服务中心的数据输入之后才能计算，这就是不幸的延误，因为必须等待那个工作最迟缓的单位的数据。的确，我们获得的信息更详尽，但我们不知道是否都有人看，想在计算机打印出的报告中找出所需的信息并对它做出分析解释，真是太费时间了。我们希望恢复过去的手工方式和账表系统，可是公司已投入这么多的资金，已到了无路可退的地步。"总裁听到这些汇报，也感到为难。

**分析问题：**

1. 这家医药公司的计算机化控制系统何以未能收到预期的效果？能否断言计算机化系统不如手工作业系统？

2. 如果你是总裁，现在应当怎么办？

# 第十一章

# 协　调

## 一、本章内容指点

在组织的日常活动中，其内部外部各单位、机构之间，各项工作之间，人与人之间，常会出现一些矛盾，甚至演变为冲突。管理者必须及时发现并化解这些矛盾，才能保持团结和谐，保证组织的活动正常进行。管理者的这项管理工作就称为协调。

古典组织理论的创立者法约尔将协调列为管理的五大职能之一。后来许多学者都认为，协调富于计划、组织、领导、控制等管理职能之中，应当理解为管理的本质而非独立的管理职能。我们认为，协调是管理者的经常性工作，花费他的大量时间和精力，所以仍把它视为管理的一项职能。

本章首先说明协调的概念、意义（作用）、原则和分类，然后分析了对矛盾和冲突的认识。传统的认识是，一切矛盾和冲突都是坏事，都应当消除；现代的认识则区分建设性矛盾和破坏性矛盾，后者需要预防和消除，而前者则应加以促进和协商解决。

其次研究组织内部的协调。先分析组织内部矛盾产生的原因，再对症下药，提出解决矛盾的方法。从产生原因看，有些是客观存在的矛盾，有些是主观上的矛盾，有些则是由于工作上的缺陷引发的矛盾。解决矛盾的方法是多样的，关键是管理者要及时发现，精准分析，正确采取措施，客观公正处理，使原则性和灵活性相结合。

再次，研究组织外部的协调。先举出外部协调的对象，再以公用企业为例说明协调的内容和方法。从此例中受到启发，即可举一反三，联系实际研究其他组织的外部协调。

最后，研究沟通问题。沟通既是协调的一项原则，又是协调的必要技能。这里先介绍沟通的程序、多种形式和网络，然后着重分析沟通常遇到的障碍及消除障碍的方法。在日常生活中，常常会看到沟通不畅、信息失真而影响工作的事例，足见障碍还不少，需认真对待。

## 二、基本知识勾勒

协调的概念和重要意义
协调的原则
协调的分类
对矛盾和冲突的认识
组织内部矛盾产生的原因和解决办法
组织外部协调的对象
公用企业的外部协调
信息沟通的过程
信息沟通的形式和网络
信息沟通的障碍及消除方法

## 三、学习目的要求

学习本章的目的要求是:

了解:协调的意义和分类,对矛盾的认识,组织外部协调的对象,信息沟通的过程、形式和网络。

理解:组织内部矛盾产生的原因,公用企业的外部协调,信息沟通的障碍及消除方法。

掌握:协调的原则,解决组织内部矛盾的方法。

运用:联系实际说明协调的实质是人际关系的协调;举出实例来证明组织面临的矛盾和冲突有些是破坏性的,有些是建设性的。

## 四、重点难点解析

### (一) 协调的概念和意义

协调是管理的一项职能,是为了实现组织的使命和目标,对组织内部和外部各个单位和个人的工作活动与人际关系进行调节,化解矛盾冲突,求得协作配合的管理活动。

协调在管理工作中具有下列重要的意义:

(1) 它是组织内部业务活动顺利进行的必要条件;

(2) 它是维持良好的工作环境、激发职工工作热情的重要保证;

(3) 它是建立良好的外部关系的重要途径。

## （二）协调的原则

（1）互相尊重的原则。

（2）合作双赢的原则。

（3）信息沟通的原则。

（4）客观公正的原则。这是管理者作为调解人、经常扮演"裁判"角色应当坚持的一条原则。

（5）原则性和灵活性相结合的原则。原则包括国家的法律法规、方针政策，组织的理念、目标任务、规章制度等。坚持原则才能保证协调工作的正确方向；但又必须同灵活性相结合，在不偏离原则的前提下采取求同存异、妥协让步、折衷变通等方式化解矛盾冲突。

## （三）协调的分类

按照不同的标准，协调可分为不同的类型。如按协调的范围，可分为组织内部的协调和组织外部的协调。如按协调的内容，则可分为工作协调和人际关系协调（由于一切工作都是由人来进行的，工作上的矛盾往往表现为人与人之间的矛盾，协调好人际关系有助于解决工作矛盾，所以说协调的实质是人际关系的协调）。如按协调的指向分类，可分为垂直协调（指从上到下或从下到上的纵向协调）和水平协调（指无隶属关系的单位或个人之间的横向协调）。如按协调对象的组织状况分类，可分为组织间的协调、个人间的协调、组织与个人之间的协调等。

## （四）对矛盾和冲突的认识

协调工作的核心内容是化解和消除矛盾。矛盾具有普遍性，无处不在，无时不在。冲突也就是矛盾及工作中的摩擦现象。无论人们喜欢与否，矛盾和冲突总是不可避免的。

对矛盾和冲突的传统认识是把它们都看成坏事，应当尽力消除。现代的观点则认为矛盾和冲突要分为两类：一类是妨碍组织目标实现的破坏性的矛盾和冲突，另一类则是有利于组织目标实现的建设性的矛盾和冲突。建设性的矛盾和冲突是双方或多方在总体目标一致的前提下，因各自的认识、主张、采用的方法手段有所不同而引起的。它们可以启发人们的思维，使人们认清矛盾的各个方面，更好地掌握矛盾的特殊性，采用必要的多种解决方法，从而有利于组织的发展。对于这两类冲突，显然应区别对待：对破坏性的矛盾和冲突，应采用预防和制止的办法；对建设性的矛盾和冲突，则应采用促进和协商解决的办法。

## （五）组织内部矛盾产生的原因

矛盾产生的原因多种多样，但可作如下的概括：

（1）因任务、目标的不同而产生。各部门、单位和个人都有各自的目标和任务，它们之中有些会出现矛盾和冲突。例如企业销售部门为扩大销售，希望增加产品的花色品种；生产部门则希望品种少些，批量大些，以提高生产率。此外，目标、任务松紧不一，导致各部门、人员忙闲不均，也会引起矛盾。

（2）因组织结构方面的问题而产生。如组织结构设计有缺陷、权责规定不清、分工协作关系不明、信息沟通不畅，或组织结构与发生了变化的外部环境不相适应，都会产生矛盾冲突，发生推卸责任、相互扯皮等现象。

（3）因争夺有限资源而产生。任何组织的资源总是有限的，为了争夺人力、物力、财力资源，难免引发部门间的矛盾。

（4）因角色冲突而产生。组织内部的单位和个人，因职位不同，扮演的角色就不同。例如上述销售部门与生产部门之间因任务、目标不同引发的矛盾往往就表现为两部门领导人之间的角色冲突。第七章所讲到的直线人员与参谋人员的矛盾，也可视为角色冲突。

（5）因个人因素而产生。这包括各人的性格不同、观点不同、价值观不同所引发的矛盾，也包括在工资奖金、福利待遇、晋升职务、评职称等涉及个人切身利益的事情上引发的矛盾。

### （六）解决组织内部矛盾的方法

要针对组织内部矛盾产生的原因，采用多种解决矛盾的方法。

（1）保持目标、任务的统一和协调。要按照"局部服从全局"的系统观念，将组织的总体目标放在第一位，各部门、单位和个人的目标都要服从总体目标，据此综合平衡那些目标，保持衔接协调，消除相互矛盾。在平衡时，还要注意克服各部门目标、任务松紧程度不一的现象。积极推行第六章介绍的目标管理，就有利于化解目标方面的矛盾和冲突。

（2）改善或改革现有的组织结构。要采取措施，消除权责不清、协作关系不明、沟通方式不畅等缺陷；如外部环境变化大，现有组织结构已不适应，则应着手改革组织结构。

（3）领导协调。领导者要亲自做化解矛盾、处理冲突的工作，这是职责所在，不能回避。召开协调会议也是一种常用的方法。

（4）利益协调。对工资奖金、生活福利、晋升职务等关系职工个人利益的事情，要特别关注，慎重处理，确保公开、公平、公正，预防和化解矛盾。

（5）人事调动。有些特殊情况，例如因性格冲突而引发的矛盾，及时进行人事调动是完全必要的。

### （七）组织外部协调的对象

任何社会组织都处在一定的外部环境中，形成广泛的外部关系。在这些关系中，对组织影响较大、与组织联系紧密的那些单位和个人，都是组织外部协调的对象。

组织的性质不同，其外部协调对象会有所不同。一般说来，这些对象可包括投资者、供应单位、服务对象、政府机关、新闻媒介。

### （八）公用企业的外部协调

1. 公用企业与政府之间的关系协调

公用企业包括电力、通信、公共交通、自来水、燃气等与居民日常生活密切相关的企业。它具有企业性和公共性的双重特征：一方面，它要自主经营、自负盈亏，具有一般企业的营利性特征；另一方面，它又承担了一定的公共服务任务，具有公共组织的公益性特征。另外，公用企业具有明显的规模经济性和网络性，一个城市或地区只需一个或少数几个公用企业才更有效率，因此，公用行业往往形成垄断或寡头市场结构，其企业常拥有一定的市场支配力量。

鉴于公用企业的上述特征，政府对公用企业的管理是双重的：一方面，政府视其为营利性企业，对它实行一般的社会行政管理；另一方面，政府视其为具有公共性和一定市场支配力量的组织，对它实行特殊的行政管制，即设立专门的管理机构，颁行专门的法律法规，对其特定经营活动（如进入退出、产品或服务定价、行为规范等）进行必要的干预。

公用企业对政府的关系协调相应地包括两个方面：第一，与政府的一般社会行政管理相协调，遵纪守法，照章纳税，承担社会责任；第二，与政府特殊的行政管制相协调，服从专门机构的管理，遵守专门的法律法规，在特定经营活动中接受政府的指导和监督。

2. 公用企业与投资者之间的关系协调

为实现公用企业的公益性特征，世界各国的政府往往直接投资，实行国有国营。直到 20 世纪 80 年代，才在公用行业引入私人资本和竞争机制，广泛推行公私合作。我国在 20 世纪 90 年代也开始公用事业体制改革，引进外资和私人资本，形成政府主导、公私共营的格局。

因此，公用企业与投资者的关系协调有两种形式：一种是国有公用企业与国资委的关系协调，另一种是非国有公用企业与其股东大会的关系协调。两种形式的协调有共同之处，即企业都要向投资者呈报企业的战略规划和年度计划，报告计划执行情况，报告一切的重大事项，接受投资者的监督，保证企业资产保值增值，向投资者发放红利。

3. 公用企业与供应协作企业之间的关系协调

公用企业必须同供应协作企业保持良好关系，要尊重对方，树立互利合作的经营理念，严格履行经济合同，按时足额支付货款，主动提交信息资料，并向对方提供力所能及的支持和服务。

4. 公用企业与消费者之间的关系协调

公用企业要树立"用户至上"的经营理念，千方百计做好为用户服务的工作，加强与用户的沟通，维护用户的合法权益。

5. 公用企业与新闻媒体之间的关系协调

为了同新闻媒体建立良好关系，公用企业应对新闻媒体保持一种开放、欢迎的态度，主动提供真实信息，保持密切联系，并正确对待不利于企业形象的报道。

### （九）信息沟通的过程、形式和网络

信息沟通是指人们相互间传递信息和思想感情的过程，它是协调工作的基础。

信息沟通需具备三要素：发送人、接受人和传递的信息。信息沟通过程可分为六个步骤：

（1）发送人拥有某种思想或事件，且有发送出去的意向；

（2）发送人将这些信息编码，即编成语言、文字等，以利发送；

（3）发送人选择适当的信息通路将上述信息传递给接受人；

（4）接受人由通路收到信息编码；

（5）接受人译码，将编码译为具有特定含义的信息；

（6）接受人对信息做出自己的理解并据以采取相应的行动，必要时可做出信息反馈。

信息沟通的形式多种多样，可按不同的标准来分类：

（1）按组织系统，可分为正式沟通与非正式沟通。正式沟通是以正式组织系统为渠道的信息传递，特点是约束力强，沟通效果较好，但沟通速度较慢，有时也会发生信息漏失、曲解等情况。非正式沟通是正式沟通渠道以外的信息传递，特点是方便易行，沟通速度快，但消失也快，传递过程中信息扭曲、失真严重。

（2）按沟通方向，可分为上行沟通、下行沟通、平行沟通和斜向沟通。上、下行沟通是上下级之间的纵向沟通，平行沟通则是同一层次机构和人员之间的横向沟通，斜向沟通则是不同层次机构和人员之间的横向沟通，它们互为补充。

（3）按信息是否反馈，可分为单向沟通和双向沟通。单向沟通是接受人只接受信息而不反馈意见的沟通，优点是快速简便，缺点是发送人不易确认信息是否已被接收和正确理解，接收人无法表达自己的意见和问题。它适用于简单、例行的事件和紧急事件。双向沟通是接收人要反馈意见的沟通，优点是信息传递准确，沟通效果好，且能交流感情，缺点是传递速度慢、消耗时间多、发送人有时会产生心理压力。它适用于复杂的、例外的事件。

（4）按沟通方式，可分为口头沟通、书面沟通和体态语言沟通。其中，体态语言沟通是指通过眼神、面部表情、手势或身体的其他动作来进行的沟通，其最大特点是往往能反映出人们的真实情感。

社会组织的沟通与个人间的沟通不同，它涉及许多人和群体，其沟通渠道会形成沟通网络。沟通网络主要有下列几种：

（1）链式网络。这是多层次之间的纵向沟通，信息从上到下（如命令、指示的逐级下达）或从下而上（如信息的逐级向上汇报）。

（2）轮式网络。这是管理者分别与多个下属间的沟通，下属之间无联系。

（3）全渠道式网络。这是指有关的部门（或人员）相互间都能直接沟通，并无中心部门（或人员）。

（4）倒 Y 式网络。表示一个领导人通过其下级与几个再下级之间的沟通，例如董事长通过总经理与中层干部间接沟通。

这些沟通网络各有特点，适用于不同情况。

### （十）信息沟通的障碍及消除方法

信息沟通经常会遇到障碍。主要的障碍有：

（1）语言文字上的障碍，如发送人表达不清、用词不当、文字不通、逻辑混乱等。

（2）知识背景上的差异。发送人与接收人的知识背景不同，就可能对同一信息做出不同的理解。

（3）接收人的信息"过滤"。人们往往喜欢对自己有利的信息而不喜欢对自己不利的信息，"过滤"的结果就导致信息的漏失或扭曲。

（4）心理障碍。如接收人对发送人不信任或怀有敌意时，就会拒绝接收其发送的信息。当人们紧张或恐惧时，往往只关心与自己有关的信息。

（5）信息过量。如"文山会海"，令人接受不了，绝非沟通良策。

消除沟通障碍的方法带有很强的针对性，主要的方法是：

（1）正确运用语言文字；

（2）充分考虑对方的知识背景，选用适当的沟通方式和语言文字；

（3）言行一致，以博得下级的信任；

（4）缩短信息传递链，尽量减少漏失、扭曲；

（5）提倡双向沟通，上下级之间的双向沟通尤为重要；

（6）实行例外原则和须知原则，让接收人只接收最必要的信息，防止信息过量。

# 五、练习题汇

## （一）单项选择题

1. 某厂重奖销售人员，引起其他人员的不满，经理最好选择的协调方法是（　　）。

  A. 合理划分责权　　　　　　B. 制定"超级目标"
  C. 搞好利益协调　　　　　　D. 暂时冷冻处理

2. 双向沟通适用于处理（　　）。

  A. 简单、例行的事件　　　　B. 复杂、例外的事件
  C. 紧急事件　　　　　　　　D. 偶然发生的事件

## （二）多项选择题

1. 组织内部因组织结构方面的问题而产生的矛盾主要有（　　）。

  A. 责权规定不清　　　　　　B. 协作关系不明
  C. 信息沟通不畅　　　　　　D. 相互推诿扯皮
  E. 工资高低悬殊

2. 组织外部协调的对象一般包括（　　）。

  A. 服务对象　　　　　　　　B. 供应单位
  C. 投资者　　　　　　　　　D. 政府机构
  E. 新闻媒介

## （三）判断分析题

1. 协调工作中的灵活性就表现为"和稀泥"。
2. 非正式沟通的特点是约束力强，沟通效果较好，但沟通速度较慢。

## （四）简答题

1. 为什么说协调的实质是人际关系的协调？
2. 组织面临的矛盾和冲突有些是建设性的，有些是破坏性的，你能举实例来说明吗？

## （五）论述题

1. 要做好协调工作，应遵循哪些原则？
2. 信息沟通可能遇到哪些障碍？消除这些障碍主要有些什么方法？

## （六）案例分析题

**案例1：某市轻型汽车制造厂**

某市的轻型汽车制造厂最近推出一款新型车，颇受用户青睐，订货接踵而

来。但令厂领导头痛的是，从批量投产以来，装配车间工人们干活的劲头不足，装出的车返修多，月度出产计划老是完不成，影响向客户交货。

于是厂领导召集各部门主管开会，研究解决问题的办法。

主管生产的副厂长承认装配车间的工作有些问题，如工人技术素质需要提高等。但认为主要是由于机械加工车间交付的零部件成套性差，一部分零部件质量不够好，缺乏互换性，影响了装配工人的劳动效率和工作情绪。他还埋怨：检验部门在掌握质量标准上有些过严，导致返修多；工艺部门也有责任，部件装配和总装的工艺文件经常修改，工人们提出的合理化建议也未被采纳。他指出，原来推出的样车是由精选的工人用精选的零部件装配出来的，一旦转入批量生产，就需有正规的工艺文件，还要教会工人去掌握，对零部件的质量也有严格的要求，而我们还未做好这些准备工作。

机械加工车间主任接着说，交付装配的零部件都完全符合设计图纸要求，保证了质量。如说互换性差，那是规定的公差有问题，但要修改公差，那是设计部门的事，而且一些机床的精度也可能有问题。至于交付零部件的成套性差，那是计划安排和物料供应方面有问题。

总工程师声明，零部件和汽车的设计图纸都是无可挑剔的，假如再把公差规定得严格一些，有些关键机床就需要更新。至于装配工艺的改动，那是适应工人的技术水平和工作习惯，采纳了工人的合理化建议的，有些工序如能添置专用夹具和量具就更好。不过，更新机床和添置工具需用一大笔资金，财务部门一直就不同意，而且这样会使汽车成本升高，影响工厂效益。他断言，现在的问题不在技术上而在生产管理系统上。

主管人事的副厂长认为，目前厂里职工数量多而素质差的矛盾十分突出，当务之急是大力加强职工培训。可是大家对此不重视，个别车间领导人还不愿让工人去参加培训，怕影响生产。不抓培训，将难以组织正规化生产、掌握先进的技术装备。

总会计师补充说，根据工厂目前的财务状况，无力更新设备，如必须更新，只好向银行贷款，这就带来还本付息的问题。增添少量装配用工具的钱是有的，但从未有人提出过。

厂长最后总结说，大家要心平气和地研究，不要相互责怪或埋怨。现在客户订货多而我们拿不出产品来，这是全厂的头等大事，弄不好，必将影响工厂的前途。质量是工厂的生命，检验部门把关就应该严格。看来问题比较复杂，涉及的面很广，大家可以继续分析：主要的矛盾在哪里？关键性的措施有哪些？各部门应如何配合？希望大家再深入实际，调查研究，拿出有说服力的材料来，还要注意听取基层领导和职工群众的意见。下周再开会，定要找出具体解决办法。

**分析问题：**

1. 这次协调会议包括了哪些种类的协调，可否严格区分？

2. 这次会议揭露出的矛盾，是由哪些原因所引起？

3. 如果你是厂长，你打算如何进一步去分析研究，求得问题的解决？

### 案例 2：海恩斯时装有限公司

达勒·海恩斯是海恩斯时装公司的总裁。公司在美国新英格兰地区经营着30 家妇女服饰连锁商店。公司是达勒的父亲在五十多年前兴办的，达勒接管了 20 年。由于他们父子精力充沛，熟悉妇女时装的经营之道，公司已从设在康涅狄格州首府哈特福德市的单一商店发展成为相当大的获利甚丰的连锁店。达勒善于经营，为自己能掌握采购、广告和商店管理的细节而感到自豪。他每两周在哈市召集其下属商店的经理、各位副总裁和公司高级参谋人员开会一次，平时每周还要花 2~3 天走访下属商店，同商店经理一道工作。

可是他主要的苦恼是信息沟通和激励问题。他感觉到，在他召开的会议上，所有的经理和职员都是全神贯注的，但对照他们的行动，他又怀疑他们是否听到他说的话。他看出，他的许多政策未能在商店里得到严格执行，他经常不得不重写广告稿，有些商店的店员已参加了店员工会，而且他越来越多地听到他所不喜欢的事情。例如有人报告说，许多雇员甚至还有一些经理都不了解公司的使命和目标，都想有机会同他及副总裁们沟通，才可能干得更好。他还强烈地感觉到，许多经理和店员干起工作来并没有真正的想像力。一些优秀的雇员已离去，到竞争对手处去任职，这是他非常关切的。

达勒的女儿乔依斯刚从大学毕业，来到公司作他的特别助理。他向女儿说："我对公司的事态发展很担心，坦白地说，我的两个问题是信息沟通与激励。我知道你在学校学习了一些管理课程。我听你说起沟通的问题、障碍和方法，也说起马斯洛、赫茨伯格、伏隆等人的激励理论。我不了解这些心理学家是否熟悉工商业，但我自己是懂得激励的，那主要是金钱、好的领导者和良好的工作岗位。我不知道你是否学过可以帮助我更好地沟通的办法，但愿你学过。你将提出什么建议呢？"

**分析问题：**

1. 假定你是乔依斯，你将如何去分析公司的信息沟通问题？从案例中，你看出一些什么问题？

2. 你将如何在公司中运用所学的信息沟通理论？将提出什么建议？

# 第 十 二 章

# 创 新

## 一、本章内容指点

创新是组织和社会发展的强大推动力，日益受到人们的重视。作为管理职能的创新，则是指管理者永不满足于现状，不断开拓进取，大力倡导、鼓励和组织全体员工投身创新活动，保证组织充满生机和活力。

本章首先介绍创新的含义、特征和内容。在特征中，特别要突出其高风险性和高效益性。创新是创造新事物，面临高度的不确定性和高风险，要遭受许多次的失败和挫折，方能获得成功。但高风险也会带来高效益，二者呈正相关关系。从总体上看，创新得到的效益要大于风险造成的损失。

其次介绍创新的要素和原则。要素中应特别重视人的因素，要发动组织的全体员工都投入创新活动，并加以合理的组织。创新的组织相对于常规活动的组织，具有更多的非规范性、分散性和灵活性。原则中应特别重视允许失败一条，对失败者要鼓励和支持其继续努力，并帮助总结经验，直到成功。

最后介绍了创新的过程，举出组织结构创新、技术创新和企业流程再造等三个例证。其中，企业流程再造是 20 世纪 90 年代由美国学者提出来的，已经引起全球工商界的广泛重视。

## 二、基本知识勾勒

创新的含义和特征
创新的内容
创新的要素
创新的原则
创新的过程

115

## 三、学习目的要求

学习本章的目的要求是：

了解：创新的含义和内容，创新的要素。

理解：创新的特征，创新的过程。

掌握：创新的原则。

运用：联系实际说明创新的特征和原则，举例说明企业产品创新的过程。

## 四、重点难点解析

### （一）创新的含义

创新一般是指人们在改造自然和改造社会的实践中，以新思想为指导，创造出不同于过去的新事物、新方法和新手段，用以达到预期的目标。对企业而言，创新就是创造新产品、新技术、新市场、新的组织结构、新的管理制度和方法等的实践活动。

作为管理职能的创新，则是指管理者高瞻远瞩，开拓进取，创造良好工作环境，采取各种有效措施，去倡导、鼓励和组织领导各方面的创新活动，使组织充满生机活力，不断前进。

创新之所以必要，是组织的外部环境和内部条件不断发展变化的要求。适应这些变化而开展的创新，就能增强组织的适应能力、竞争能力、生存和发展能力，并推动社会进步。

### （二）创新的特征

（1）创造性。创新是创造性的思想观念及其实践活动，维持现状和照搬照抄就不是创新。

（2）高风险性。创造性就会带来高度的不确定性和风险性，包括市场风险、技术风险和管理风险。但创新的风险并不大于因循守旧的风险，因循守旧将使组织日渐衰败而最终被淘汰。

（3）高效益性。高风险性将带来高效益性，二者呈正相关关系。从总体上看，创新获得的效益要大于创新的投入和风险造成的损失。

（4）系统性。创新是涉及战略、市场调查和预测、决策、研究开发、生产、营销等一系列过程的系统活动，受到组织内外许多因素的影响，需要众多部门和人员的共同努力，以产生出系统的协同效应。

（5）时机性。创新的机会往往存在于一定的时间范围内，它要求人们能

116

捕捉到这一机会，充分加以利用，抢先进行创新；反之，如错过机会，则创新的效果不大，甚至徒劳无功。

（6）动态性。创新是发展变化的。随着创新成果的扩散，其形成的优势和创造的效益将逐渐消失，这就要求不断地创新。低水平的创新总是要被新一轮的高水平的创新所取代。

（7）适宜性。各社会组织的情况不同，需要解决的问题和可能条件也不同，而创新的程度和方式多种多样，因此，组织应根据自身的实际情况选择适宜的创新程度和方式。

### （三）创新的内容

创新的内容很多，以企业为例，主要有：

（1）产品创新。此处所谓产品是一完整概念，包括其功能（即用途）、性能（如效率、能耗、安全、可靠、适应性等）、外观（如外形、风格、色彩、包装装潢等）、品牌商标和附加服务（如质量保证承诺、销售服务、融资便利等）。产品创新就是根据市场需求的变化和科技进步，从完整产品概念的各要素来改造老产品，开发新产品。当前产品创新的主要方向是多功能化、高性能化、小型化、简易化、多样化、节能化、美化等。

（2）生产技术创新。它包括设备、工具创新，生产工艺和操作方法创新，使用原材料和能源的创新。

（3）市场创新。它包括继续深入开发现有产品市场和开拓新的产品市场，其实现途径包括产品创新、生产技术创新和市场营销活动的创新。

（4）组织结构创新。其主要内容是：机构设置和人员配备的调整，机构、人员责权的重新界定，分工协作关系和信息沟通渠道的重建，业务流程的重组等。

（5）管理制度和方法创新。它包括对规章制度的修改、废除和新建，新的管理方法的推行与旧的方法的舍弃等。

### （四）创新的要素

创新的要素是指创新活动赖以开展、对组织的创新能力有巨大影响的各种因素。主要有：

（1）人员。这里包括创新参加者（包括各类职工）、创新组织者（包括负责创新活动的专门机构的负责人、各创新活动小组的负责人）、创新领导者（包括各层次管理者）以及人员结构因素（包括工程技术人员在全体员工中的比重、研究开发人员在工程技术人员中的比重等）。

（2）资金。首先是研究开发的资金，也包括生产经营资金。人们十分关注的是研究开发资金占销售收入的比重。

（3）科技成果或知识。科技成果包括技术专利、技术诀窍、样品样机、设计图纸、科技论文或专著等。其可来自外部，也可来自内部。知识包括科技知识、经济知识、管理知识等。

（4）技术基础水平。这是指组织现有的技术基础水平，包括物质技术水平（如生产装备水平）和管理技术水平。

（5）信息资源。它包括外部信息和内部信息，而外部信息又包括政治、法律、经济、社会文化、科学技术等多方面的信息。

（6）组织管理。创新活动既要有专门的负责机构，又要开展群众性的自由组合式的活动。创新活动的组织相对于常规活动的组织，具有更多的非规范性、分散性与灵活性。其工作制度应具有弹性，注意发挥创新者的主动创造性。

### （五）创新的原则

主要的原则有：

1. 创新与维持相协调

创新是相对于维持而言的，两者相互联系，相辅相成。维持是创新的基础，创新是维持的发展；创新为维持提供更高的起点，而创新成果的实现又需要维持；维持使组织具有稳定性，创新则使组织具有适应性。但两者有时也会出现矛盾，要求正确处理，寻求两者的动态平衡与最佳组合，这是管理者的重要职责。

2. 开拓进取与求实稳健相结合

创新的创造性特征要求解放思想，但解放思想要同科学态度相结合，开拓进取要同求实稳健相结合。求实稳健是指一切从实际出发，尊重科学，实事求是，尽力而为，量力而行。

3. 计划性与灵活性相结合

创新应当是有目标、有计划的活动，集中优势兵力去解决组织最急需的创新课题。但计划应具有弹性，与灵活性相结合，才能充分调动创新者的积极性，又利于捕捉创新机会。

4. 奖励创新与允许失败相结合

创新的创造性、高风险性和高效益性要求组织对创新者的劳动及其成果高度尊重、公正评价和合理奖励，对他们的创新活动给予支持和鼓励。高风险性又决定了创新遭受失败和挫折是难免的，因此，必须允许失败。创新者不应因失败而悲观失望，管理者不应冷眼相看或横加斥责，而应帮助创新者总结经验教训，继续进行大胆探索，直到成功。

5. 争做自主创新主体，以市场为导向

我国自主创新的基本体制是"以企业为主体、以市场为导向、产学研相结合的技术创新体系"。企业是我国社会主义市场经济体制的主体，就应当是自主创新的主体。企业要争做创新主体，就应加强对创新活动的领导，加大创新活动的投入，扩大同科研单位和大专院校的合作，以市场为导向，依靠自主创新来发展生产，持续不断地创新。

6. 加强对知识产权的积累和保护

知识产权是创造发明人对创新成果所享有的权利，是企业创新形成的无形资产，也是企业间乃至国家间综合竞争力的一个方面。企业要通过自主创新、引进消化吸收再创新来积累知识产权，并提高全体员工的知识产权保护意识，设置专门机构来管理和保护知识产权。

7. 积极利用和整合国内外创新资源，积极参与国内外行业标准制定

企业必须在开放条件下自主创新，充分利用国内外的创新资源，实施借脑开发、合作开发，以弥补自身资源的不足，加快创新速度，提高创新效率。知识产权和技术标准相结合，成为技术创新的制高点。企业应有专职的标准研究人才，积极探索将自己的知识产权融入国内外的行业标准体系。

### （六）创新的过程

这里以组织结构创新、技术创新和企业流程再造的过程为例。组织结构创新过程和企业流程再造过程一般包括调查、决策、实施、评价四阶段；技术创新过程也可分为决策、研究开发、实施、实现四阶段，每个阶段又可细分为若干步骤。

## 五、练习题汇

### （一）单项选择题

1. 创新作为一项管理职能，是相对于（　　　　）而言的。

  A. 计划　　　　　　　　　　　B. 组织

  C. 控制　　　　　　　　　　　D. 维持

2. 创新的决定性因素是（　　　）。

  A. 资金　　　　　　　　　　　B. 人员

  C. 科技成果　　　　　　　　　D. 信息资源

### （二）多项选择题

1. 创新的特征主要有（　　　）。

  A. 创造性　　　　　　　　　　B. 计划性

  C. 高风险性　　　　　　　　　D. 高效益性

  E. 动态性

2. 创新活动的组织相对于常规活动的组织，具有更多的（　　　　）。

　　A. 集中性　　　　　　　　　B. 计划性

　　C. 分散性　　　　　　　　　D. 灵活性

　　E. 非规范性

### （三）判断分析题

1. 创新的效益与其风险大小并无多大联系。

2. 作为创新要素的信息资源都来自组织的外部，因而掌握外部信息至关重要。

### （四）简答题

1. 试简述创新的含义。

2. 怎样理解创新的高风险性和高效益性？

### （五）论述题

1. 现在人们为何越来越强调创新的重要性？你是否赞同将创新看成管理的一项职能？

2. 创新活动应遵循哪些重要的原则？

### （六）案例分析题

**案例 1：创新闯将霍华德·赫德**

霍华德·赫德是发明金属滑雪板的美国人。1946 年，他初次滑雪，使用木制滑雪板。据他回忆说：那次滑雪糟透了，他觉得很丢脸。也许是人之常情吧，他认为这次不愉快的滑雪经历都怪滑雪板不好。在回家的路上他就夸下海口，要用航空材料做出一副比木制的更好的滑雪板。

回到他所在的马丁公司后，他开始构思，收集材料，并在一个改装过的马厩里布置起工作室，潜心设计。他想做出一种金属夹层式滑雪板，用两层铝板，中间充填塑料，两边镶上三合板。

要将这些材料组合起来，必须加温加压。赫德因陋就简地搞出一套工艺流程，利用了橡皮囊、旧冰箱的压缩机、加热炉、汽车曲轴箱里放出来的机油等。经过 6 周，他终于在臭味和浓烟里造出了 6 副滑雪板。造好后，他赶快让滑雪教练去试验。结果在试用过程中一弯就断，全部报废。赫德说，它们每断一只，我都心如刀割。

赫德并未罢手，1948 年元旦刚过，他就辞去马丁公司的工作，用仅有的6 000 元储蓄自己干起来。他每周将一副经过改进的滑雪板送给滑雪教练试用，而教练又每周将一副断了的板送回来。赫德说："要是早知道要经过 40 次修改设计才能造好这种滑雪板，我也许早就放弃了。不过，幸亏每次我都认为，下次的设计准能成功。"

赫德就像着了迷一样，持续艰苦奋斗了三个冬天，作了多次精心的改进。1950 年，在一个风和日丽的日子，滑雪教练经过试验，赞叹说："这种滑雪板真棒！"在这个时刻，赫德才明白："我成功了。"

分析问题：

1. 从赫德的具体事例中，你体会到一个创新者必须具备哪些优秀的品质？
2. 组织应当从哪些方面采取措施，以鼓励和支持创新者？

**案例 2：新产品的研制和投产**

某电子产品工厂的厂长召开会议，专门研究是否将新产品——微型恒温器投入大批量生产并投放市场的问题。参加会议者有销售、生产、物资供应和财会等部门的负责人。厂长指示每个与会者带上准确资料，以便提出决策性意见。

会上，厂长首先说明有关的情况：

（1）两年前，工厂为了应对主要竞争对手的挑战，适应电子产品微型化的趋势，开始研制微型恒温器这一新产品。

（2）研制进程比较顺利，工人和技术人员已掌握了这一新产品的许多技术知识，样品试制成功，鉴定合格。

（3）已经设计和安装了一条实验性生产线，按小批试制办法生产出几百个恒温器，产品性能完全达到设计要求，可同对手的产品竞争。

（4）问题是我厂恒温器的成本高，按竞争对手所定的每个 40 元的价格出售，不仅无利可图，而且略有亏损。

（5）现在必须做出决策：是放弃这一新产品，还是设法降低成本，投入大批量生产？

接着厂长请财会部门负责人说明产品成本情况，该负责人提出的资料如表 12-1 所示。

表 12-1　　　　　　　　　产品成本情况　　　　　　　　　单位：元

| 项　　　目 | 实际成本 | 标准成本 |
| --- | --- | --- |
| 1. 直接材料 | 17.0 | 9.7 |
| 2. 直接人工 | 2.95 | 2.6 |
| 3. 一般制造费用（按直接人工标准成本的 438% 计） | 11.4 | 11.4 |
| 4. 制造总成本 | 31.35 | 23.7 |
| 5. 损耗费用（按制造总成本的 10% 计） | 3.14 | 2.37 |
| 6. 销售与管理费用（按直接人工与一般制造费用之和的 40% 计） | 5.75 | 5.6 |
| 7. 产品总成本 | 40.24 | 31.67 |
| 8. 产品定价（按产品总成本加上厂定的销售利润率 14% 的利润计） | 46.8 | 36.9 |

财会部门负责人向与会者解释，由于我厂成本（尤其是直接材料费）高，按竞争价格每个40元出售，将亏损0.24元。如能将成本降到标准成本水平，则按厂定销售利润率14%加上利润，定价也不到37元，按竞争价格出售，利润将很丰厚。即使只将直接材料费降到标准成本水平，按销售利润率14%加上利润，定价也不过38元左右，仍大有利可图。

销售部门负责人认为，微型恒温器是重要产品，市场广阔，绝不能放弃。他们已将该产品的促销工作纳入计划。他还说，他个人并不太重视成本估算，因为工厂尚未将该产品投入大批量生产，尚未获得规模经济效益。

生产部门负责人说，他正同工程师们研究焊接新方法，如果成功，直接人工费和相应的一般制造费用、损耗费用、销售与管理费用等均会减少，产品成本会降低。此外，对装配工人进行培训，压缩装配工时的潜力还很大。

供应部门负责人说，降低成本，材料费是关键。微型电子元器件的生产厂不多，我们尚未找到适当的货源。过去是临时的、少量的采购，价格高而质量难保证。现在要尽快物色货源，进行谈判，估计有可能将材料费降下来。但请告知计划生产批量，以便计划材料用量，同供货厂家协商。

厂长认为此次会议已基本弄清了情况，并对各部门愿在降低成本上做出努力表示赞赏。他说："产品生产和投入市场之前，必须有成本估算，至少保证不亏损。不重视这一点，就忽视了价值规律的作用，即使对新产品也应如此。大家应牢记，工厂要讲效益，创新也是为了提高效益。厂定销售利润率14%一般是必须保证的。"他要求各部门继续设法降低成本，特别是材料费的问题要抓紧解决，以便尽快做出决策。

**分析问题：**

1. 你是否赞同厂长所说："创新也是为了提高效益"？这一观点可否联系到技术与经济的关系，可否应用于其他组织（如学校、医院、政府机关等）？

2. 如果你是厂长，在下次会议上你将如何决策？决策的基本依据是些什么？

3. 是否在任何情况下，产品的售价都不能低于其总成本，否则就不应生产和投放市场？

# 结 束 语

# 未来管理的展望

## 一、本部分内容指点

在学习了前面十二章有关管理学的基本知识之后，有必要对未来的管理将如何发展变化作一些探索。事实上，组织的外部环境自第二次世界大战结束后即已逐渐发生巨大变化。20世纪80年代、90年代又相继出现了一些新的管理理论，对传统的管理理论展开了批判。这些就为我们探索未来的管理提供了可能性。

本部分首先介绍从20世纪后半期开始的组织外部环境（主要是一般环境）的发展变化，包括科技因素、经济因素、政治法律因素、社会文化因素四方面的变化。这些变化对组织的管理提出了新要求，成为探索未来管理发展的客观依据。

其次，分别介绍了第三次浪潮、第五代管理、第五项修炼（学习型组织）等有关理论的要点，并综合了三种新理论的共通之处。这些理论为探索未来管理发展提供重要参考。

最后，对未来的管理发展变化做出了八点预测。这些预测的期限不会太长，至多适用于21世纪前半期。这些预测都只是初步的、不成熟的，仅供参考和讨论。

## 二、基本知识勾勒

从20世纪后半期开始的一般环境的变化

"第三次浪潮"管理理论的要点

"第五代管理"管理理论的要点

"第五项修炼"管理理论的要点

对未来管理发展趋势的预测

## 三、学习目的要求

学习本章的目的要求是：

了解：从 20 世纪后半期开始的一般环境诸因素的变化。

理解：在 20 世纪八九十年代出现的新的管理理论。

掌握：新世纪管理的发展趋势。

运用：联系实际说明"以人为本"的管理、系统观点和权变观点的应用、柔性管理。

## 四、重点难点解析

### （一）从 20 世纪后半期开始的一般环境的变化

1. 科技因素

（1）科学技术突飞猛进，出现了许多新兴科技，包括核能技术、信息技术、航天技术、生物技术、合成新材料技术等。

（2）因新兴科技的应用，出现了一些高新科技产业，如核工业、电子工业、计算机工业、软件产业、通信设备产业、航天工业、合成材料工业、生物工程、基因工程等。这些产业被称为"知识密集型产业"。

（3）新产品层出不穷，产品更新换代很快。

（4）高新科技成为经济增长的决定性因素，科技对国民生产总值增长速度的贡献越来越大。

2. 经济因素

（1）科技进步促进了全球经济一体化，加剧了国内外市场的竞争。

（2）在经济全球化的同时，又出现经济集团化的趋势。

（3）随着竞争的激化，各国都在不断调整各自的经济结构。

（4）随着科技进步和经济发展，许多国家的人民生活水平有所提高，社会需求日趋复杂化。

（5）在经济发展、人口增长的同时，可供利用的物质资源日益短缺，生态环境日益恶化。

3. 政治、法律因素

（1）各国政府的职权范围在逐步扩大，法制在加强。

（2）各国政府越来越多地重视保护和促进本国工商业的发展，政治为经济服务的趋势增强。

4. 社会、文化因素

（1）世界人口持续增长，但各国人口状况各有不同。

（2）在发达国家，劳动者的素质普遍提高，蓝领与白领的界线逐渐模糊，他们的工作动力、自我控制能力和生活习惯等都与过去不相同。

（3）消费者的消费理念在改变，追求个性和时尚，眼光挑剔。

### （二）"第三次浪潮"管理理论的要点

美国未来学家托夫勒于1980年出版了《第三次浪潮》一书。此书虽非管理学专著，却论述了许多管理问题。书中有关管理的论述主要有：

（1）托夫勒将人类文明划分为三个时期：①公元前8000年开始的农业革命，使人类进入农业社会，这是第一次浪潮；②18世纪开始的工业革命，将人类带入工业社会，这是第二次浪潮；③大约从1970年起，工业发达国家开始进入后工业社会，这是第三次浪潮。托夫勒对比了第三次浪潮与第二次浪潮在管理方面的差别。

（2）托夫勒将科技进步（能源结构的转换，特别是高新科技的出现）视为第三次浪潮的标志，他认为电子工业、宇航工业、海洋工程和遗传工程将成为第三次浪潮的工业骨干。

（3）在第三次浪潮冲击下，大公司已不再是只管生产商品赚钱的经济组织，而同时要对生态环境、道德标准、政治影响和社会问题负责，公司的目标多样化要求其管理者具有做出一次完成多种目标的综合政策并制定出具体措施的能力。

（4）在第二次浪潮的工业社会里，流行的原则是专业化、标准化、同步化、集中化、好大狂、集权化；第三次浪潮来临，这些原则都受到冲击，纷纷发生变化，将人们从机器束缚中解放出来。

（5）第二次浪潮的组织是典型的官僚机构，等级森严，制度烦琐，一成不变。在第三次浪潮冲击下，新的组织的机构比较平等，各部门都有较大的自主权，而且结构灵活，能根据环境变化适时变革。它的成员都能随机应变，对所担任的角色都能胜任愉快，运用自如。

（6）托夫勒专门描述了第三次浪潮时代的"新型工人"：他们都承担着较大的工作任务，时间灵活，自定步调；他们敢于负责，善于同他人协作，能迅速适应情况变化；他们很独特，敢于标新立异，除经济报酬外，更着重寻求工作的意义。

（7）组织的权威形式也在发生变化。过去是统一指挥，有争执由上司解决。现在是将不同级别的员工组成工作组，他们各有上司，分歧的意见不必经过上司而是协商解决，而且他们认为意见分歧是健康的，并对有独立见解、勇于发表意见者给以奖励。

### （三）"第五代管理"管理理论的要点

美国管理学者萨维奇于1991年出版了《第五代管理》一书，提出了新一代管理的理念和原则以及管理模式的转变途径。其理论的要点是：

（1）萨维奇将人类文明史划分为四个时代：①农业时代；②工业时代早期，从1770年到19世纪末；③工业时代晚期，从20世纪初到20世纪90年代初；④知识时代早期，从20世纪90年代初开始。

（2）接着，他将管理划分为五个发展阶段：①第一代管理，这是工业时代早期的管理，特点是资本家所有权和经营管理权的统一；②第二代管理，从20世纪初到第二次世界大战结束，特点是严格的等级制；③第三代管理，从第二次世界大战结束到20世纪70年代，特点是矩阵制组织形式的运用；④第四代管理，盛行于20世纪七八十年代，特点是电子计算机在管理上的普遍应用；⑤第五代管理，始于20世纪90年代初，特点是知识网络化。由上述划分可看出，他所说的前四代管理都是工业时代的管理，而第五代管理则是知识时代早期的管理。

（3）工业时代的管理之所以要向第五代管理过渡，是因为工业时代管理的理念和原则已不适应知识时代的需要，严格的等级制束缚了人们的手脚，各层次、各部门各自为政，互相封锁，既不能适应多变的环境，又不能充分发挥人们的积极性，所以必须过渡。

（4）工业时代管理理念和原则主要有：①亚当·斯密的劳动分工和"经济人"假设；②巴贝奇的按精细分工付酬；③管理的分工和专业化；④所有权和管理权的分离，出现了职业化的管理人员和等级制度；⑤泰罗制的计划工作与执行工作的划分，导致了白领与蓝领的划分；⑥法约尔的统一指挥原则；⑦自动化取代手工劳动，把劳动者"解放"出来。

（5）第五代管理者有着新的管理理念和原则。其根本的理念是，人是组织最宝贵的资源，他们具有丰富的知识、能力和经验，组织要善于发挥他们的才能，调动他们的积极性。组织是一个领导方式问题，就是要建立一个把人们最优秀的才能结合起来的环境。

原则一是虚拟企业和动态协作。在组织形式扁平化的基础上，根据工作需要，将不同层次、不同单位的员工组成任务团队（任务完成，又重新组合），还可以吸收用户以及用户的用户和供应商的成员参加，这就形成了虚拟企业，将多个企业的才能结合起来。在任务团队内部破除了严格等级制的束缚，就能实现人员的动态协作。

原则二是对等知识联网。这是在将人员组成任务团队之后，要求每个人都能与他人交流，都能容易地获得他人的信息和知识，破除各自为政、相互封锁的弊端。

原则三是集成的过程。当任务团队组成后，要求每个人不断接触和联系别人的思想和知识，以便对重要的工作和问题做出识别和行动，集体做出决策并付诸实施。

原则四是对话式工作。第五代管理认为工作是一种富有意义和创造性的人际对话。工作不是孤立的，一个人在工作，别人也看到了甚至参加了，因此，他们在工作中互相对话，交流知识和信息，增进了技能。

原则五是人类时间和计时。工业时代重视时间因素，但它是重视时钟时间，过去、现在和未来是相互分离的。第五代管理的时间观念是人类时间，假定过去、现在和未来是一体的，对过去的回忆和对未来的预期，同时出现在眼前，时间成为一个整体。对未来的预期是很重要的。

上述五原则是相互联系的，但只有强有力的领导才能使之共同起作用，适应从工业时代到知识时代的转变，将第四代管理转变为第五代管理。这个转变主要包括下列内容：

（1）从法约尔的指挥链和等级制度转变为以人为中心的知识网络化，人们广泛接触，交流知识，使工作能顺利完成。

（2）从命令和控制转变为集中（保证全体人员将注意力集中在关键问题上）和协调。

（3）从职位权威转变为知识权威，尊重知识，交流知识，共同学习进步。

（4）从序列活动转变为平行活动，从各部门相互隔离转变为同时运转，密切协作。

（5）从纵向交流转变为横向交流、全渠道式交流。

（6）从不信任和服从转变为信任和诚实。

**（四）"第五项修炼"管理理论的要点**

1990年，美国管理学者彼得·圣吉出版了《第五项修炼》一书，提出了"学习型组织"的概念。他认为，未来真正出色的组织将是能够设法使各层次人员全心投入、并有能力不断学习的组织。为了成为这样的组织，需要五种技能，可称为五项修炼。其中第五项修炼为系统思考，它是五项修炼的基石，所以首先介绍，并把它作为书名。

系统思考就是运用系统观点的一项修炼，要求思考问题一定要从全局出发，树立整体观念。圣吉概括出系统思考的11条法则，并首创出系统思考的工具（模式）。

第一项修炼为自我超越，这是学习型组织的精神基础。它要求组织的每个成员都要建立个人的"愿景"（期望），集中精力，努力学习，永不满足于现状。

第二项修炼为改善心智模式。心智模式是指人们心中存在的、用于了解世界及采取行动的假设、成见、印象等，它是可变、可改善的。心智模式的改善有利于人们工作和组织的发展。

第三项修炼为建立共同愿景。组织的共同愿景是指其成员共有并愿为之奋斗的使命、目标和价值。每个组织都要经过努力，将其成员的个人愿景融合在共同愿景之中。

第四项修炼为团体学习。在学习型组织中，学习是由团体来进行的，团体学习有利于成员之间相互启发，其形成的集体智慧高于个人智慧。

上述五项修炼相互联系，以系统思考为基础，通过系统思考将四项修炼结成一体。五项修炼要真正创造出学习型组织，必须互相搭配，并解决好下列问题：

（1）超越组织内的政治文化，即超越由职位、权力、既得利益等形成的关系。要做到这点，需从建立共同愿景开始，创造一个重视实际贡献的环境，还需公开而真诚地讨论重要课题。

（2）组织扁平化，高度分权，给人们行动的自由去实现他们自己的构想，并对产生的后果负责。传统组织中，高层管理者在思考，基层人员在行动；在学习型组织中，每个人都在思考和行动。高度分权，可能导致对共同资源的争夺，所以要加强共同资源的管理。

（3）组织成员特别是管理者要善于安排时间。

（4）组织成员特别是管理者要善于处理工作与家庭之间的矛盾。

（5）利用"微世界"，从实验中学习。"微世界"是指利用个人电子计算机模拟现实环境来进行实验或演习，这是学习型组织常采用的一种技术。

（6）领导者应当是组织的设计师、自己的愿景的仆人和组织成员的教师，带领组织成员通过努力学习去实现组织的共同愿景。

### （五）三种新管理理论的共同点

上述三种新的管理理论虽各有特点，却有一些明显的共同之处：

（1）他们根据新时期劳动者的素质提高、自控能力增强、工作动力和生活习性变化等特点，遵从麦格雷戈对人性的"Y理论"假设和组织文化理论的有关论述[①]，特别是适应知识密集型产业和知识经济的需要，突出地重视人的因素，把人看作组织最为宝贵的资源，要求尊重人才，尊重知识，将员工作为管理的主体，千方百计调动员工的积极性和创造力。

（2）为此，他们都主张改革严格的等级制，而将不同层次、部门单位的

---

① T J 彼得斯，R H 小沃特曼. 成功之路 [M]. 余凯成，等，译. 北京：中国对外翻译出版公司，1985. W G 大内. Z 理论 [M]. 孙耀君，等，译. 北京：中国社会科学出版社，1984.

员工组成工作组、任务团队或学习组，承担一定的工作任务，享有一定的职权去开展工作。在组（团队）内，员工们相互交流（知识、经验和信息），相互学习，相互协作，共同完成工作任务。

（3）他们都具有组织文化理论的"非理性倾向"，对过去的管理理论特别是古典管理理论的"理性主义"提出了批评，包括亚当·斯密的劳动分工和"经济人"假设、泰罗的标准化和计划与执行的划分、法约尔的统一指挥和等级制、自上而下的控制和命令、大规模生产的经济性等。这当然不是完全否定理性，而是反对迷信理性。

### （六）对21世纪管理发展趋势的预测

（1）它将是真正以人为中心（以人为本）的管理。

（2）它将是更加群体化的管理。

（3）它将更加突出组织文化的作用。

（4）它将更加重视系统观和权变观。

（5）它将是柔性的管理。

（6）它将更加重视战略的制定和实施。

（7）它将出现跨国化趋势。

（8）它将促使组织不断地创新和学习。

上述八点预测是提供参考和讨论的。

## 五、练习题汇

### （一）论述题

1. 21世纪的一般环境有哪些变化?

2. 你对21世纪管理发展趋势的预测有些什么看法?

### （二）案例分析题

**案例1：世界经济未来十大走向**

美国的麦肯锡公司对未来世界的经济、社会和商业趋势进行预测，归纳为以下十点：

（1）未来二十年内，亚洲国家的GDP占世界总量的比重将与欧洲国家持平，在某些领域其发展水平将超过欧洲国家。但在这期间，美国仍将在经济总量中占较大的比重。

（2）养老金支出所带来的压力将促使政府公共部门大幅度提高生产力，政府结构和政府与相关人员的关系将改变。

（3）未来十年内，约有10亿消费生力军进入全球市场，其家庭年均收入将达到 5 000 美元。发达国家的消费群体结构也将发生改变。

（4）技术革命方兴未艾，各种技术革新将继续影响人们的生活。

（5）人才变为竞争的焦点。在发展中国家，已有 3 300 万受过大学教育的年轻专业人才，这一数字还将继续增长。人才将决定这些国家的命运。

（6）对世界知名大企业的监控将继续。

（7）自然资源和生态环境面临的压力将增大。

（8）新的工业结构产生，技术革新将使大企业和中小企业之间出现共存的方式。

（9）管理趋于科学化，成功企业与失败企业的差别就在于其科学化的管理能否赋予企业竞争力。

（10）对信息技术的掌握将给知识经济带来转变，知识产生的速度将以几何级数增长。因此，企业需要制定适当的发展战略，才能得到发展。

分析问题：
1. 你是否赞同"人才将变为竞争的焦点"这一看法？
2. 对于管理科学化，你有些什么看法？

案例 2：Google 如何管理"知识工作者"

与许多高新科技公司一样，Google 的雇员大多是工程师。以下是公司用来促使知识工作者发挥最高效能的十项原则：

（1）大家来招聘新人。应聘者至少经过 6 位考官面谈，这使得招聘过程更为公平，要求更高。

（2）解除员工的后顾之忧。公司不仅提供一揽子工资外福利，还满足员工几乎所有的生活要求，让他们轻松地兼顾工作和生活。

（3）把团队"装进"同一间办公室。公司的每个项目几乎都是团队项目，让团队成员在一间屋里办公，就最便于沟通交流。与知识渊博的同事坐在一起，是令人难忘的高效学习体验。

（4）让协作变得轻松。同在一屋，协作自然容易。此外，公司还要求员工们每周用电子邮件向团队其他人发送一段上周工作内容摘要，使每个人都能了解同伴们的工作进展，并与团队工作保持同步。

（5）使用自己开发的工具软件。员工们对公司工具的使用频率非常高，其中最突出的是网络。几乎每个项目都有专门的内部网网页，都被编入索引，如有需要，可随时查阅。

（6）鼓励创新。公司的员工最多可以有 20% 的时间用在自选项目上，以发挥大家的创造力。公司有一个"点子邮件表"，专用于收集员工的合理化建议。

（7）努力达成共识。公司的管理者做决策，总要倾听多方面的意见，然后形成共识。虽耗时较多，但能使团队更加同心协力，决策也更加周全。

（8）不要使坏。公司创意培养一种相互尊重、彼此宽容的氛围，但不是人人唯命是从。

（9）以数据推动决策。几乎每项决策都以定量化分析作依据。

（10）高效沟通。公司每个星期五都召开全体员工大会，宣读通知，进行介绍和回答。公司以高度的信任换取员工高度的忠诚。

**分析问题：**

1. 在这十项原则中，你最感兴趣的是哪几项？为什么？

2. 你认为这些原则也适用于非高新科技企业吗？有无特殊情况？

# 综合练习题

132

## 综合练习题一

**一、单项选择题**（每小题1分，共20分）

1. 在企业管理中，倡导尊重每一位员工、重视员工权利的思想，这种做法属于（　　　）。

    A. 公司文化　　　　　　　　B. 政治手段

    C. 经济条件　　　　　　　　D. 激励理论

2. 面对竞争加剧的世界经济，管理者必须密切关注外部环境的变化，以便有效地适应环境并在必要时（　　　）。

    A. 进行组织变革　　　　　　B. 保持组织稳定

    C. 促进环境变化　　　　　　D. 减少环境变化

3. 某企业生产某种产品的固定成本为30万元。除固定成本外，该产品的单位变动成本为4元，市场售价为10元。若要达到6万元销售毛利的目标，该产品的产销量应为（　　　）。

    A. 30 000件　　　　　　　　B. 45 000件

    C. 60 000件　　　　　　　　D. 75 000件

4. 人际沟通中会受到各种"噪音干扰"，这些"噪音"可能来自（　　　）。

    A. 沟通的全过程　　　　　　B. 信息编码过程

    C. 信息传递过程　　　　　　D. 信息译码过程

5. 在下列各项中，作为管理干部培训的主要目标应当是（　　　）。

    A. 传授新知识，丰富他们的理论

    B. 灌输组织文化，使其价值观符合组织的需要

    C. 培养其岗位职务所需的操作技能

    D. 以上三项都是

6. 企业创新的内容一般可以归纳为（　　　）。

    A. 技术创新，市场创新，组织创新

B. 技术创新，工艺创新，组织创新

C. 技术创新，工艺创新，市场创新

D. 技术创新，工艺创新，产品创新

7. 在下列管理工作中，需要总经理亲自处理的是（　　　　）。

A. 公司各办公室的电脑分配方案

B. 对一位客户投诉的例行处理

C. 对一家主要竞争对手突然大幅降价做出反应

D. 对一位违纪职工按规章进行处分

8. 激励理论中的双因素理论，其"保健因素"是指（　　　　）。

A. 影响职工工作满意度的因素

B. 影响职工工作不满意度的因素

C. 能保护职工身心健康的因素

D. 能预防职工身心疾病的因素

9. 某酒店的组织结构呈金字塔状，越往上层则（　　　　）。

A. 其管理难度与管理幅度都越大

B. 其管理难度与管理幅度都越小

C. 其管理难度越大，管理幅度则越小

D. 其管理难度越小，管理幅度则越大

10. 在公司制企业中，总经理的职责是执行董事会制定的决策。因此，总经理（　　　　）。

A. 一定不持有公司的股票

B. 只负责执行工作，不做任何决策

C. 主要负责管理决策

D. 负责公司所有经营管理问题的决策

11. 统计分析表明，关键的事是少数，一般的事是多数。这意味着控制工作应当（　　　　）。

A. 突出重点，照顾一般　　　　B. 灵活、及时和适度

C. 客观、精确和具体　　　　D. 重视协调和组织工作

12. 瑞士在 1969 年研制成功石英电子手表，但因其认为无发展前途而没有重视。日本人却接过了这一发明而大加发展，誉满全球，并挤垮了一百多家瑞士手表厂。这一事例说明（　　　　）。

A. 瑞士的钟表厂缺乏技术创新精神

B. 技术管理更能给企业带来竞争力

C. 技术要发挥作用离不开资本投入

D. 决策对企业生存发展的影响极为重大

13. 某公司生产塑料制品，经营状况不理想。后来该公司注意到，影视作品及电视广告中出现的家庭居室多使用各色塑料百叶窗，于是公司大量生产百叶窗，取得了良好的绩效。这说明公司做到了（　　　　）。

　　A. 对经济环境的适应　　　　　　B. 对社会文化环境的适应

　　C. 对技术环境的利用和引导　　　D. 对经济环境的利用和引导

14. 某美发厅经营绩效好，于是：①投保 200 万元的企业财产保险；②为每个员工投保 2 万元家庭财产保险；③为每个员工投保了 10 年意外事故保险；④投保了职工失业保险。这些措施针对职工的（　　　　）。

　　A. ①②生理需要，③④安全需要

　　B. ①生理需要，②③④安全需要

　　C. 均为安全需要

　　D. 均为生理需要

15. 某公司采用多元化发展战略，其产品已涉及机械、化工、轻工等部门，但其组织结构仍然是直线-参谋制。最近公司领导已发现这很难适应管理的需要，决定进行改革。你认为比较好的做法是（　　　　）。

　　A. 精简产品和部门，发展集中优势

　　B. 各产品部门都实施承包，自主经营

　　C. 按产品实行分部制管理

　　D. 公司增设参谋人员，加强班子建设

16. 某高新技术企业的总裁并未接受相关技术教育，也无从事过相关技术领域的经验，而只接受过工商管理硕士教育，并有在非高新技术企业成功经营的经历。他上任三年不到，就使企业扭亏为盈。这一事例说明（　　　　）。

　　A. 企业高层管理者不需要专业知识和技能，有管理经验就行

　　B. 成功的管理经验有通用性

　　C. 企业核心领导的管理水平对企业发展有着至关重要的作用

　　D. 这只是偶然现象，可能该总裁正好遇到市场机会

17. 有人说"管理就是决策"，这意味着（　　　　）。

　　A. 管理者只要善于决策，就一定能成功

　　B. 管理的复杂性是由决策复杂性导致的

　　C. 决策对管理的成败具有很重要的影响

　　D. 管理首先需要面对复杂的环境做决策

18. "亡羊补牢，犹未为晚"，可理解为反馈控制行为。下列情况中，最贴近这里"羊"和"牢"的关系的是（　　　　）。

　　A. 企业规模与企业利润　　　　　B. 产品合格率与质量保证体系

　　B. 降雨量与洪水造成的损失　　　D. 医疗保障体系与死亡率

19. 某大型广告公司的业务包括广告策划、制作和发行，一个电视广告至少要经过创意、文案、导演、美工、音乐合成、制作等专业部门的通力协作方能完成。比较适合该公司的组织结构形式的是（　　　　　）。

  A. 直线制　　　　　　　　　B. 直线-参谋制

  C. 矩阵制　　　　　　　　　D. 事业部制

20. 关于管理中的例外原则，最准确的理解是（　　　　　）。

  A. 上级授权给下级处理日常事务，自己只从事重大的、非程序化问题的决策

  B. 上级只接受下级关于例外情况的报告

  C. 上级将日常事务全权交下级独立处理，自己只保留对例外事项的决策和监督权

  D. 上级在授予下级日常事务处理权的同时，保留对其执行结果的监督权，然后集中精力处理例外事例

## 二、多项选择题（每小题 2 分，共 20 分）

1. 早期的行为科学理论称为人际关系理论。它的要点包括（　　　　　）。

  A. 人是"社会人"，非单纯的"经济人"

  B. 设计出理想的行政组织结构

  C. 企业中除正式组织外还存在"非正式组织"

  D. 新型的领导能力在于管理要以人为中心

  E. 高层管理者要实行"例外原则"的管理

2. 企业的特定环境包括的因素有（　　　　　）。

  A. 顾客　　　　　　　　　　B. 物资供应商

  C. 金融机构　　　　　　　　D. 竞争对手

  E. 内部职工

3. 组织文化的负面影响主要有（　　　　　）。

  A. 组织文化产生惯性，可能阻碍变革

  B. 扼杀个性和思想观念的多元化

  C. 妨碍组织内部的沟通与协作

  D. 唯我独尊，排斥外来文化

  E. 促使各部门单位各自为政，相互封锁

4. 决策的影响因素包括（　　　　　）。

  A. 环境　　　　　　　　　　B. 组织文化

  C. 过去决策　　　　　　　　D. 时间

  E. 决策人对待风险的态度

5. 企业战略规划可分为多个层次，主要有（　　　　　）。

A. 企业总体战略规划　　　　B. 经营性战略规划

C. 职能性战略规划　　　　　D. 基层单位战略规划

E. 岗位（职务）战略规划

6. 我国总结的、适用于社会主义公有制组织的组织工作原则主要有(　　　　)。

A. 民主集中制　　　　　　　B. 职位等级制

C. 责任制　　　　　　　　　D. 加强纪律性

E. 精简高效

7. 我国过去在人员考评上存在一些问题，改进的途径包括(　　　　)。

A. 进一步明确考评标准　　　B. 建立健全考评的反馈制度

C. 更加强调自我考评这一环节　D. 聘请外单位专家来协助考评

E. 注重对考评结果的应用

8. 西方专门研究人的需要的激励理论（可称为激励内容理论）包括(　　　　)。

A. 伏隆的"期望理论"　　　　B. 赫茨伯格的"双因素理论"

C. 麦克里兰的"成就激励理论"　D. 亚当斯的"公平理论"

E. 马斯洛的"需求层次理论"

9. 按控制活动的重点来划分，控制可分为 (　　　　)。

A. 预先控制　　　　　　　　B. 现场控制

C. 反馈控制　　　　　　　　D. 成果控制

E. 过程控制

10. 协调职能的重要意义表现在 (　　　　)。

A. 它是组织内部业务活动顺利进行的必要条件

B. 它是激发员工工作热情的重要手段

C. 它是组织适应外部环境的有效措施

D. 它是组织加强伦理道德的有力工具

E. 它是建立良好的外部关系的重要途径

## 三、判断分析题（每小题 2 分，共 10 分）

1. 法约尔提出的统一指挥原则是绝对不能违反的，否则必将出现管理混乱的现象。

2. 控制工作的力度越大，越严格，则效果越好，越能保证计划的实现。

3. 领导者之所以对其下属有影响力，全靠手中的权力。有权力才有影响力，权力越大，则影响力越大。

4. 按照马斯洛的需要层次理论，人的行为是由最高一级的需要决定的。

5. 领导者的责任不能随着分权或授权而相应地全部转移给下级。

## 四、简答题（每小题 5 分，共 10 分）

1. 现在不少企业的管理人员认为"计划跟不上客观环境的变化，所以制订计划根本没有用"。这种看法是否正确？为什么？

2. 管理者应当如何认识组织内部的矛盾和冲突？

## 五、论述题（每小题 10 分，共 20 分）

1. 西方古典管理理论中的行政组织理论有哪些要点？

2. 分部制组织结构形式有哪些优缺点？

## 六、案例分析题（20 分）

### 菲利浦·莫里斯公司的战略变革

菲利浦·莫里斯公司是世界上规模最大、获利最丰的烟草公司之一，其主要产品——万宝路牌香烟风靡世界。但在 20 世纪 50 年代，它曾面临多次巨大的威胁：美国国会通过决议，禁止电视台放映香烟广告；卫生组织认定香烟有害健康，许多地区的法院受理了人们对烟草商危害健康的控诉，并裁定烟草商赔偿巨款。菲利浦·莫里斯公司同其他烟草公司一样意识到，如果它们自己要生存下去，就必须采用多元化战略，进入其他行业；而它们拥有的雄厚财力，足以使它们能够并购其他行业的企业。

1969 年 6 月，菲利浦·莫里斯公司用 1.3 亿美元买下一家啤酒公司——米勒酿造公司 53% 的股份；1970 年后期，又以 0.97 亿美元买下米勒公司其余的股份，使之成为菲利浦·莫里斯独家所有的公司。先前，啤酒行业都采用比较传统、保守的方法来开发市场，菲利浦·莫里斯公司却大力加强米勒公司的市场营销活动，改进了老产品"米勒高寿"，大力开发低热量啤酒（莱特啤酒）和超高级啤酒（罗文布劳、米勒特别储备），淘汰了表现不佳的进口啤酒（慕尼黑十月），还急剧增加广告促销活动，迅速提高了米勒公司的市场份额，在美国啤酒公司中占据第二位。

1978 年，菲利浦·莫里斯公司又收购了一家软饮料企业——七喜公司，并把原来含咖啡因的七喜饮料改为无咖啡因的，接着又开发了一种无咖啡因的可乐饮料，并在各媒体上大肆宣传，使饮料的销售量飞速上升。

后来，菲利浦·莫里斯公司又收买了国际上第四大烟草公司——罗思曼，更扩大了香烟的生产和市场。今后，公司的多元化战略还将继续实施，还将并购其他行业的企业。

**分析问题：**

1. 请指出公司的总体战略、经营单位战略和职能性战略。

2. 什么环境因素促使公司实行多元化战略？对此你是否赞同？

3. 你认为多元化战略有无风险？

## 综合练习题二

**一、单项选择题**（每小题 1 分，共 20 分）

1. 管理既是科学，又是艺术。随着时间的推移，管理研究的不断深化，环境变化速度的加快，管理活动最可能发生的变化是（　　）。

    A. 其科学性将不断增强，艺术性将下降

    B. 其艺术性将不断增强，科学性将下降

    C. 其科学性和艺术都将不断增强

    D. 其科学性和艺术性都将下降

2. 从发生的时间顺序看，下列四种管理职能的排列方式中符合逻辑的是（　　）。

    A. 计划，控制，组织，领导　　　B. 计划，领导，组织，控制

    C. 计划，组织，控制，领导　　　D. 计划，组织，领导，控制

3. 群体决策与个人决策各有优缺点，因此，需根据实际情况选择相应的决策方式。在下列几种情况中，一般不采用群体决策的是（　　）。

    A. 确定长期投资　　　　　　　　B. 决定一个重要的人事安排

    C. 签署一项产品销售合同　　　　D. 选择某种新产品的上市时机

4. 在人力资源管理中，对不同的职位，对申请人的甄选方法有不同。甄选高层管理者最常用的方法是（　　）。

    A. 笔试　　　　　　　　　　　　B. 面谈

    C. 履历调查　　　　　　　　　　D. 工作抽查

5. 据有关资料，语言表达作为沟通的有效手段，可分为体态语言、口头语言和书面语言，它们所占比例分别为 50%、43%、7%。根据这一资料，你认为下列几项中正确的观点是（　　）。

    A. 这一资料错误，书面语言才是常用的

    B. 体态语言太原始，可不予重视

    C. 体态语言费解，还是口头语言好

    D. 体态语言在沟通中起着很重要的作用

6. 某公司生产某种产品的固定成本为 15 万元。除去固定成本外，该产品的单位变动成本为 2.5 元，售价为 7.5 元。该产品刚好收回成本的产销量为（　　）。

    A. 30 000 件　　　　　　　　　　B. 20 000 件

    C. 25 000 件　　　　　　　　　　D. 50 000 件

7. 企业管理者的管理幅度是指他（　　）。

A. 直接管理的下属数量　　　　B. 所管理的部门、单位数

C. 所管理的全部下属数量　　　D. B 和 C

8. 按照菲德勒的权变领导理论，影响领导方式有效性的环境变量是( 　　　 )。

A. 职位权力　　　　　　　　B. 任务结构

C. 上下级间的关系　　　　　D. 以上三者

9. 一家公司的职员在工作中经常接到来自上面的两个、有时甚至是相互冲突的指令，其原因是 ( 　　　 )。

A. 该公司的组织设计采用了职能制结构

B. 该公司在组织运行中出现了越级指挥

C. 该公司组织运行中违背了统一指挥原则

D. 该公司的组织层次过多

10. 在组织的决策中，人们只要求选择满意的方案而不刻意追求最优化。这是因为 ( 　　　 )。

A. 客观上不存在最优化方案

B. 常常由于时间太紧，来不及寻找最优方案

C. 管理者对未来很难做出"绝对理性"的判断

D. 人们对于最优化的理解难以形成共识

11. 某公司的管理者整天忙于"救火"，解决现场的紧急问题。这时他应当抓紧做的事是 ( 　　　 )。

A. 修订控制标准　　　　　　B. 衡量实际绩效

C. 组织更多的人采取纠正措施　　D. 认真分析问题产生的原因

12. 某企业的一位管理者对其下属常常说："不好好干回家去，干好了月底多拿钱。"可以认为，这位管理者将其下属看成 ( 　　　 )。

A. 只有生理需要和安全需要的人

B. 只有生理需要和归属需要的人

C. 只有安全需要和归属需要的人

D. 只有安全需要和尊重需要的人

13. 中层管理者有许多职责，下列事项中不属于中层管理者的职责的是( 　　　 )。

A. 与下级谈心，了解下级的工作感受

B. 亲自制定考勤方面的制度

C. 经常与上级沟通，了解上级的要求

D. 对下级工作给予评价并反馈给本人

14. 张宁在一家软件公司工作，非常勤奋，最近与组内同志奋战了三个

月，开发出一个系统，领导十分满意。有一天，张宁领到领导发给的丰厚奖金，非常高兴；但当他在小组奖金表上签字时，看到别人的奖金，脸却阴沉下来。最能说明这种情况的激励理论是（    ）。

    A. 需要层次理论            B. 双因素理论

    C. 期望理论                  D. 公平理论

15. 如发现一个组织中小道消息多而正式渠道的消息较少。据此，你认为该组织存在的问题是（    ）。

    A. 非正式沟通信息传递通畅，运作良好

    B. 正式沟通信息传递不畅，需要调查

    C. 部分人喜欢在背后发议论，传播小道消息

    D. 充分运用了非正式沟通渠道的作用

16. 按照领导者运用职权方式的不同，领导方式可分为专制、民主与放任三种类型。其中民主方式的主要优点是（    ）。

    A. 管理规范，纪律严格，赏罚分明

    B. 按规章管理，领导者不运用权力

    C. 员工具有高度的独立自主性

    D. 员工关系融洽，工作积极性高

17. 俗话说"一山难容二虎"，从管理的角度看，这意味着（    ）。

    A. 领导班子中如有多个固执己见的人，会降低管理效率

    B. 需要高度集权的组织不允许有多个直线领导核心

    C. 组织中的能人太多，会增加内耗，导致效率下降

    D. 组织中不允许存在多种观点，否则会造成管理混乱

18. 某生产环保设备的公司发展迅速，但一直实行较强的集权。在下列情况中，最有可能使公司改变其集权倾向的是（    ）。

    A. 宏观经济发展速度加快    B. 公司经营业务范围拓宽

    C. 市场对产品的需求下降    D. 国家发布了新技术标准

19. 某公司下属分公司的会计科科长要向该分公司经理报告工作，又要遵守总公司财务经理制定的会计制度。这位会计科的直接主管是（    ）。

    A. 总公司财务经理          B. 总公司总经理

    C. 分公司经理             D. 总公司财务经理和分公司经理

20. 某厂定有严格的上下班制度。一天深夜突降大雪，次日清晨许多同志上班迟到了，厂长决定对此日迟到者免予处分。对此，厂内职工议论纷纷。在下列议论中你认为有道理的是（    ）。

    A. 厂长滥用职权

    B. 厂长执行制度应求多数职工的意见

C. 厂长无权随便变动工厂的制度

D. 规章制度有一定灵活性，特殊情况可以特殊处理

## 二、多项选择题（每小题 2 分，共 20 分）

1. 现代管理理论有几个突出观点，它们是（　　　　　）。

   A. 系统观点
   B. 权变观点
   C. 文化观点
   D. 人本观点
   E. 创新观点

2. 企业为了履行其社会责任，首先要监测外部环境对它的要求。监测方法有（　　　　　）。

   A. 社会调查和预测
   B. 舆论调查
   C. 社会问题调研
   D. 社会审计
   E. 战略监视

3. 组织文化的正面作用可归纳为（　　　　　）。

   A. 导向作用
   B. 控制作用
   C. 激励作用
   D. 协调作用
   E. 自我约束作用

4. 确定型决策的主要方法有（　　　　　）。

   A. 直观判断法
   B. 量本利分析法
   C. 差量分析法
   D. 最大可能法
   E. 机会均等法

5. 计划工作的任务主要是（　　　　　）。

   A. 确定目标
   B. 分配资源
   C. 职务设计
   D. 组织业务活动
   E. 提高效益

6. 处理企业中直线人员与参谋人员的矛盾的常用方法包括（　　　　　）。

   A. 明确各自的职责和职权

   B. 可在必要时授予参谋人员职能职权

   C. 为参谋人员提供必要的工作条件

   D. 对参谋人员的工作实行严格控制

   E. 适时地对两类人员加以轮换

7. 我国采用的基本工资制度包括（　　　　　）。

   A. 等级工资制
   B. 岗位工资制
   C. 结构工资制
   D. 计时工资制
   E. 浮动工资制

8. 领导者有效地管理自己的时间的领导艺术主要有（　　　　　）。

A. 巧妙安排时间计划　　　　　　B. 当日的工作尽量当日做

C. 充分利用自己的时间　　　　　D. 以身作则，为人表率

E. 尽量避免无效的工作或重复的活动

9. 非预算控制的方法有（　　　　）。

A. 亲自观察　　　　　　　　　　B. 报告

C. 盈亏平衡分析　　　　　　　　D. 时间、事件、网络分析

E. 内部审计与控制

10. 按沟通方式，信息沟通可分为（　　　　）。

A. 单向沟通　　　　　　　　　　B. 双向沟通

C. 口头沟通　　　　　　　　　　D. 书面沟通

E. 体态语言沟通

**三、判断分析题（每小题 2 分，共 10 分）**

1. 劳动分工能提高工作效率，分工越细则效率越高。

2. 人们很难获得最优决策，只能接受满意决策，而满意决策完全取决于决策者的主观判断，所以结果往往是"走一步，看一步，摸着石头过河"。

3. 领导即使做好了对下属的激励工作，也不一定会显著提高工作业绩。

4. 非正式组织的存在，不但无法禁止，而且有其积极作用。正确的态度是适当引导，使其目标同组织目标一致起来。

5. 在管理幅度一定的条件下，企业规模越大，则管理层次越少；在企业规模一定的条件下，管理幅度越小，则管理层次也越少。

**四、简答题（每小题 5 分，共 10 分）**

1. 简述直线-参谋制组织形式的优缺点。

2. 在当前，强调工商企业的社会责任和伦理道德有何现实意义？

**五、论述题（每小题 10 分，共 20 分）**

1. 试述风险型决策常用的决策树法的基本原理。

2. 试论赫茨伯格"双因素理论"的要点及其与马斯洛"需要层次理论"之间的联系。

**六、案例分析题（20 分）**

### 家用收音机电视公司

罗伯特·盖茨于 20 世纪 30 年代在底特律创办了一家小型收音机厂。该厂后来发展成了全国最大的收音机、电视机和类似产品的制造公司之一。在 1965 年，公司年销售额达 3 亿美元，拥有雇员 1.5 万人，生产基地 10 处。

在公司的整个发展过程中，公司创办人始终保持着积极主动、富于想像的活力。在公司发展初期，每个管理人员和工人都认识创办人，创办人也认识他

们中的多数人。甚至在公司发展到相当规模以后，人们还能认识创办人和总经理。这种人与人之间的强烈的忠诚感使得公司至今未成立工会。

然而随着公司的发展，盖茨先生担心公司会失掉"小公司"的精神。他也担心信息沟通方面正在出现的问题：公司中许多人不了解他的目标和经营哲学，由于彼此不通气，造成大量的重复劳动，使新产品开发和市场营销都蒙受了损失。他觉得自己已经难以同人们沟通了。

为了解决沟通问题，盖茨雇用了一名沟通主管，由他直接领导。他们共同研究并采用了其他公司采用的一些沟通手段：在各厂的各办公室里设立一块记事板；办一份生机勃勃的公司报，刊载许多有影响的公司和人员的新闻；向每位雇员发一本《公司一览》，使其了解公司的重要信息；定期公布分享红利的信；在公司开设沟通课程；100 名高层经理每月到公司总部开一天会；1 200 名各层次的管理者每年到一旅游胜地开三天会；组织许多委员会讨论公司事务等。

在花费了大量的时间、精力和费用之后，盖茨先生失望地发现，他的沟通问题和"小公司"情感问题依然存在，他的计划并未产生有意义的结果。

**分析问题：**

1. 你认为盖茨先生为什么会失望？盖茨想通过沟通来保持"小公司"精神，你认为这一想法是否恰当？

2. 你觉得该公司真正的沟通问题是什么？你对公司内部的沟通将提出什么建议？

# 各章练习题参考答案要点

## 第一章练习题参考答案要点

### （一）单项选择题
1. A        2. D

### （二）多项选择题
1. A B C E        2. A B C D

### （三）判断分析题
1. 错误

一切社会组织为了顺利进行其业务活动，充分利用其资源，实现其预期目标，都必须加强管理。

2. 正确

同数学、物理学等"精确的"科学相比，管理学是一门"不精确的"科学，这是由社会组织、社会现象极为复杂多变的特点所决定的。

### （四）简答题
1. 管理理论产生于管理实践，并要接受管理实践的经验；经过管理实践检验证明是正确的管理理论，又可以指导管理实践。

2. 管理学的实践性很强，学习管理学是为了应用于管理实践，提高管理水平和管理效益，不是单纯的理论研究，所以说管理学是一门应用科学而非理论科学。

### （五）论述题
1. 按第一章"重点难点解析"中第四个问题的要点来回答。
2. 按第一章"重点难点解析"中第七个问题的要点来回答。

### （六）案例分析题
案例1

1. 听众的反应肯定是多种多样的。从未接触过管理而对技术有迷信的人不会赞同法约尔的观点，至少认为他把管理的作用夸大了。接触过或正在从事管理工作的人则可能赞同法约尔的观点。由于法约尔所言是科学的，赞同他的观点的人将逐渐增多。

2. 法约尔在此次演说中讲到管理的责任，实际是提出了计划、组织（人事）和协调三项职能。后来在他的著作中，法约尔又补充了指挥和控制，构成管理的五大职能。

3. 可各自阐述自己的观点。

**案例 2**

1. 自己组织培训比起送人出去受训，最大的优点是能更好地切合本公司实际，增强培训效果；雷先生仅着眼于节约一些费用，说明雷并非一位高素质的领导人。按照雷先生节约费用的观点，他只会对最能节省费用的方案感到满意。

2. 胡克光提出的两个规划，一个是管理学的内容，另一个则是专业管理的内容。一般说来，学习管理应当从学习管理学起步，但这也要看具体情况。如该公司中层管理者都已基本熟悉本职工作（即各自专业管理的基本要求），培训的主要目的是提高水平，则可先学管理学，再学专业管理。反之，如相当多的中层管理者还不很熟悉本职工作，则宜先学专业管理，以应急需，以后再学管理学。

3. 组织培训，除制定学习内容的规划外，还涉及培训形式（半脱产或业余学习）、培训时间、地点、师资、经费、教学用具等问题，需要为此采取一些措施。

# 第二章练习题参考答案要点

**（一）单项选择题**

1. D      2. C

**（二）多项选择题**

1. A B C E      2. C D

**（三）判断分析题**

1. 正确

古典管理理论都只研究组织内部的管理问题，未考虑外部环境，所以他们实际上将组织看成一个封闭系统。

2. 错误

权变学派的管理理论并未批判古典管理理论的"经济人"假设，而是批判该理论认为世界上存在适用于一切情况的管理的"最佳方式"。

**（四）简答题**

1. 对泰罗科学管理理论的评价应一分为二：它鼓吹劳资合作，说生产率提高了，劳资双方都受益，就不去计较盈余的分配问题，这是骗人的，实际是加重了资本对劳动的剥削，这就反映了泰罗本人的资产阶级立场观点；另一方面，它主张管理要用科学研究的方法，不应单凭经验办事，这又是它的历史性贡献，它使管理走上科学的轨道。

2. 经验学派突出强调管理的实践经验的作用，主张管理工作应从实际出发，着重研究管理经验，在一定条件下可将这些经验上升为理论或原则；但更多的情况下，是将它们直接传授给管理者，由他们依据实际情况灵活选用。

（五）论述题

1. 按第二章"重点难点解析"中第十五个问题的要点来回答。

2. 按第二章"重点难点解析"中第十七个问题的要点来回答。

（六）案例分析题

**案例1**

1. 劳动分工是有利于提高生产率的，但分工不宜过细，有时培养员工成为多面手，使其能胜任多项工作，反而有利于劳动力调配。

大规模生产是有经济性的，但规模过大（超出了经济规模）反而不经济。

此案例说明了任何事情都不可能绝对化，理性分析是必要的，但不能迷信或滥用理性。这也正是组织文化理论的"非理性倾向"。

2. 无论公司规模大小，管理对于一切公司都是极端重要的。就本案例而言，汽车品牌的控制，劳动力的培训和使用，都是管理问题。小公司控制和使用得好，就能取得好的效益；大公司控制和使用得不好，其效益就下降。通用、福特等的"大公司心态"属于企业文化方面的问题，而去除不利于公司发展的文化，塑造有利于公司发展的新文化，也是管理者的责任。可以说，企业的兴衰成败在很大程度上同它的管理有关。

**案例2**

1. 麦当劳公司认为同时保持全球性和地方性是有可能的，这一观点非常正确。作为一个国际性经营的特大型企业，它涉足许多国家市场，同许多国家的竞争对手相竞争，因此，必须考虑各个国家市场和竞争对手的特点，采取适应当时当地消费习惯的措施。尤其是饮食企业，各国各地人民的口味肯定不一样，更需要适应他们不一样的口味。这便是保持"地方性"的理由。但与此同时，也要注意坚持公司的"全球性"，即在公司的基本产品、质量标准、公司文化等方面保持统一的特色，做到经久不衰。麦当劳在美国办有大学，其特许连锁店的经营者都必须去该大学就读，学习公司的统一的标准和规范，并在各自的经营中坚持下去，这就是保持"全球性"的必要措施。所以同时保持全球性和地方性是有可能的。

2. 麦当劳在保持全球性的同时采取"地方性"的措施，正是权变观的运用。权变观要求我们做事必须从实际出发，具体情况具体分析，灵活机动而不是一成不变或千篇一律。我认为麦当劳公司之所以能在全球迅速发展并获得成功，同它的权变观的运用有很大关系。

## 第三章练习题参考答案要点

（一）单项选择题

1. B        2. D

（二）多项选择题

1. A B C D E        2. B C D E

（三）判断分析题

1. 错误

任何社会组织都是社会的一个细胞，其所处环境中都有社会公众因素，他们都要接受社会公众的监督。

2. 正确

任何组织都应当诚信待人，诚信经营，反对坑蒙拐骗，这是伦理道德的重要内容。

（四）简答题

1. 组织拥有的资源数量表明组织的规模，规模不同的组织，其管理形式和方法就不同；组织拥有的资源质量基本上决定了组织素质的高低，其管理形式和方法也应着重考虑。因此，组织的资源对其管理有很大影响。

2. 组织外部环境的不确定性决定于以下两个因素：①复杂性，指环境所含因素的多少及其相似性，可分为同质环境和异质环境；②动态性，指环境因素的变化速度及其可预测程度，可分为稳定环境和不稳定环境。将两因素结合起来，可划分出四种类型的组织环境。

（五）论述题

1. 按第三章"重点难点解析"中第一个问题的要点来回答。

2. 按第三章"重点难点解析"中第八个问题的要点来回答。

（六）案例分析题

案例 1

1. 改善劳动者工作条件，保障劳动者的权益，毫无疑问，属于企业的社会责任，而且是法律责任。这是因为在《中华人民共和国劳动法》中对这些要求都做出了规定，不按要求去做就是违法。

2. 对于工作条件恶劣的血汗工厂，必须采取坚决措施加以纠正，不管它是否为当地做出了贡献。

（1）在调查研究的基础上，指明该厂在工作条件方面存在的问题，并限期整改；

（2）跟踪检查该厂在改善工作条件方面的进展情况，如到期仍未明显改善，就责令停产；

（3）对工厂停产后的遗留问题（如工人的安排）进行妥善处理。在该厂未彻底改善其工作条件之前，绝不准许其恢复生产。

**案例 2**

1. 不能同意反对方的论点，因为社会责任是一切企业都应当承担的，中小企业不能例外。

2. 企业的社会责任包括经济的、法律的、伦理的、自选的四种责任，其中最基本的是经济的、法律的责任，即守法经营，为国家社会做贡献。中小企业难道不应当承担这样的社会责任吗？至于伦理的责任，那是指虽无法律规定但却是社会公众强烈期望的伦理道德的行为，中小企业自然也应当担负起这一责任，以符合社会公众的期望。自选责任则是并非法律规定或公众期望、却是企业自愿赞助的公益性活动，这是企业可以量力而为的。

现在反对方以企业规模小、能力弱、财力有限为由而拒绝承担社会责任，那是因为他们未弄清社会责任的内涵。中小企业在自选责任上可以量力而为，但对经济的、法律的、伦理的责任却是义不容辞的。

## 第四章练习题参考答案要点

**（一）单项选择题**

1. D          2. B

**（二）多项选择题**

1. A C D          2. A B C D E

**（三）判断分析题**

1. 正确

组织文化确实对组织的发展既有正面作用又有负面作用。我们应当扬长避短，趋利避害。

2. 错误

本国设在外国的分支机构总得招聘当地员工，总得同当地政府、社区、公众打交道，所以尽管由本国人担任高级主管，仍然会出现文化冲突。

**（四）简答题**

1. 组织文化的正面作用包括导向作用（对组织的经营管理起指导作用）、协调作用（文化的共有性使人们的思想行为易于协调一致）、激励作用（和谐的人际关系环境对员工有持久的激励）和自我约束作用（文化会形成员工的自我约束能力）。

2. 按第四章"重点难点解析"中第五个问题的要点来回答。

（五）论述题

1. 按第四章"重点难点解析"中第六个问题的要点来回答。

2. 按第四章"重点难点解析"中第八个问题的要点来回答。

（六）案例分析题

案例

1. "大个子吉姆"在 RMI 公司推行的正是一种新的组织文化，其主要内容包括：管理要以人为中心，管理者要关心人、尊重人，人们要相互尊重、和谐共处，与工会要搞好关系、友好相处，营造良好的人际关系以发挥组织文化对员工的持久激励作用，等等。

2. 新的组织文化之所以能使公司取得巨大成功，原因在于它充分发挥了对员工的激励、协调和自我约束等正面作用。人际关系改善了，员工的心情就舒畅了，干活就有劲了，生产率就上升了，企业的效益就能够得到改善。用我们的话来说，这就是"精神转化为物质"的生动例证。

## 第五章练习题参考答案要点

（一）单项选择题

1. C            2. A

（二）多项选择题

1. B D E        2. A B

（三）判断分析题

1. 错误

组织的业务决策常属于确定型决策，而战略决策一般属于风险型或不确定型决策，管理决策则三种决策兼而有之。

2. 错误

在典型的决策过程各阶段中，只有确定目标和选择方案两个阶段基本上是决策者的个人行为，其余四个阶段都是广大员工参与的活动，凝聚着员工集体的智慧和劳动。

（四）简答题

1. 参考第五章"重点难点解析"中第二个问题的要点，可以各抒己见。

2. 应当承认这一说法非常正确，因为"议论纷纷"才能揭露矛盾的方方面面，考虑到尽可能多的情况和问题，供我们研究、分析和判断，这样才能保证决策的正确性；反之，如"众口一词"，则会导致矛盾揭露不充分，问题考虑不周到；匆忙决策，错误难免。

**（五）论述题**

1. 按第五章"重点难点解析"中第六个问题有关满意原则的要点来回答。

2. 按第五章"重点难点解析"中第九个问题有关量本利分析法的要点来回答。

**（六）计算题**

1. 已知电视机销售单价为 1 万元/台，单台变动成本为 0.6 万元/台，应分摊固定成本为 400 万元。于是：

盈亏平衡时的销售量（产量）$= \dfrac{400}{1-0.6} = 1\,000$（台）

盈亏平衡时的销售额（产值）$= 1\,000 \times 1 = 1\,000$（万元）

计划销售（生产）2 000 台时的利润 $= 2\,000 \times (1-0.6) - 400 = 400$（万元）

2. 据已知条件，该厂是在进行有关投资建车间的风险型决策，可采用决策树法。

先绘制决策树：

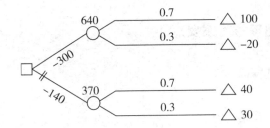

再计算各方案的平均期望值：

大车间方案的平均期望值 $= [100 \times 0.7 + (-20) \times 0.3] \times 10 = 640$（万元）

小车间方案的平均期望值 $= (40 \times 0.7 + 30 \times 0.3) \times 10 = 370$（万元）

再计算扣除建设投资后的效益：

大车间方案的效益 $= 640 - 300 = 340$（万元）

小车间方案的效益 $= 370 - 140 = 230$（万元）

于是将两方案作比较，如不考虑其他因素，则大车间方案为满意方案，小车间方案被舍弃（剪枝）。

3. 据已知条件，该企业是在进行不确定型决策，要求采用最大最小值法和最小后悔值法。

先采用最大最小值法来决策。推向四个不同市场的方案的最小值分别为 -20 万元、-10 万元、-40 万元和 -5 万元，其中，D 方案的最小值（-5 万元）为最大，于是选择 D 市场为满意方案。

再采用最小后悔值法来决策。首先计算后悔值如下表所示。

| 后悔值（万元）  自然状态　市场 | 销路好 | 销路一般 | 销路差 | 最大后悔值 |
|---|---|---|---|---|
| A | 50 | 10 | 15 | 50 |
| B | 70 | 30 | 5 | 70 |
| C | 0 | 0 | 35 | 35 |
| D | 75 | 35 | 0 | 75 |

比较各市场方案的最大后悔值，其中最小者为 35 万元，对应方案为 C，于是选择 C 市场为满意方案。

（七）案例分析题

案例 1

1. 为了做出这一艰难的决策，该印刷厂必须对厂内外环境进行大量的调研和预测。

在外部环境方面主要有：

（1）本地的插页业务和专业印刷的市场容量及其近期内的发展前景（着重是专业印刷）；

（2）附近地区的插页业务和专业印刷的市场容量及其近期内的发展前景（重点是专业印刷）；

（3）本地及邻近地区同行业厂家的市场份额分布情况；

（4）如本厂扩大专业印刷，则竞争态势将如何变化，竞争对手将作何反应？

（5）如本厂扩大专业印刷，则所需原辅材料（如纸张、油墨等）有无稳定供应来源？

（6）如本厂扩大专业印刷，则会面临多大的资金缺口，能否请金融机构解决？

在内部环境方面主要有：

（1）现有工人中掌握专业印刷技术的有多少，如扩大专业印刷，人手是否足够，是否需要培训新手？

（2）现有机器设备中能担负专业印刷业务的有多少？如扩大专业印刷，设备能力是否足够，是否需要增添设备，有无能力增添？

（3）现有研发力量是否强大？如扩大专业印刷，研究设计人员是否足够，是否需要补充？

上述两方面的调研和预测，重点是考察如扩大专业印刷，有无市场需求，主客观条件是否具备。

2. 目前的形势很清楚，插页业务和专业印刷两种产品都不能放弃，为了提高企业的销售利润率，就需要调整产品结构，增加利润率较高的专业印刷在销售额中的比重，相应降低利润率较低的插页业务的比重，例如将现有的 30：70 改变为 40：60 或 50：50。但是产品结构将如何调整，则主要取决于专业印刷的产销量能扩大到多少。所以厂长的决策将决定于调研的结果，而不能凭主观愿望。总之，应当根据专业印刷产销量的增长适当减少插页业务，而不能让生产能力闲置。

3. 为了提高销售利润率，增加盈利，除了上述调整产品结构的办法之外，还应当采取多方面的降低产品成本的措施。因为售价不变而成本下降，利润就增多，销售利润率就提高了。

**案例 2**

1. 随着科技的进步和市场需求的日益多样化，扩大产品品种、开发新产品是十分必要的。如长期抱着老产品不放，就有被市场淘汰的危险。

来自全球各地的经销商们敦促公司开发新产品，扩大产品品种，可能他们已看到别家公司的新产品，而本公司的产品已显得陈旧老化，缺乏竞争力。但是公司总裁却尚未察觉到这一点。因此，他需要迅速开展调研，了解当前全球市场情况和科技进步情况，出现了多少新发明、新技术、新产品，本公司产品是否已面临威胁，并尽快做出决策。

2. 经过调研，如发现本公司产品确已面临威胁，就应尽快开发新产品；如发现公司产品暂时尚未受到威胁，也应当吸收新发明、新技术加以改进，提升其竞争力，同时组织力量开发新产品作为技术储备，一旦需要，即可立即投放市场。

## 第六章练习题参考答案要点

**（一）单项选择题**

1. B　　　　2. B

**（二）多项选择题**

1. C D E　　　2. A B D E

**（三）判断分析题**

1. 错误

组织制定其目标，一般应先定长期目标，再定中、短期目标，以"长"指导"短"，以"短"保证"长"。

2. 正确

战略规划是关系组织兴衰成败的长远的、全局性的谋划的规划，确实是一切组织所必需。

**（四）简答题**

1. 按第六章"重点难点解析"中第二个问题的有关部分要点来回答。

2. 按第六章"重点难点解析"中第八个问题的要点来回答。

**（五）论述题**

1. 按第六章"重点难点解析"中第五个问题的要点来回答。

2. 企业总体战略规划着重谋划其发展方向和经营业务组合。

经营单位战略规划则是在企业总体规划指导下对本经营单位的竞争战略所做出的规划。

**（六）案例分析题**

**案例1**

1. 李平所听到的有关战略规划的异议都是站不住脚的。

外部环境确实存在不确定性，但客观事物的发展又有其内在的规律性。通过反复调研，这一内在规律性是可以逐步认识到的，从而可以预测事物的发展变化而制订战略、规划和计划，而且我们还有应对未预测到的变化而制定的权变措施。借口不确定性而否定规划和计划，那么人们就只能盲目地干事了。

不能把规划同实干对立起来，规划也是实干，而且是为了更好地实干。不要规划的所谓实干，只能是瞎干、蛮干。

做长远规划，是为了更好地指导短期计划和日常决策，使日常决策更有效、更正确。至于说"没有时间"，那是借口，时间是挤出来的。

2. 李平完全有可能使各级管理人员接受战略规划观念，不过，他需要做大量的宣传教育工作，以转变人们长期形成的旧观念。只要工作耐心细致，持久深入，陈旧观念是能够转变的，所以他用不着撤换大多数管理干部特别是高级管理干部。当然，也可能有个别干部思想僵化，始终不肯转变陈旧观念，那就作组织处理好了，个别调整无伤大局。

3. 为了推行战略规划，在组织机构上恐怕需要成立专职机构（如办公室之类）；在程序上首先是抓宣传教育，待多数人思想转变之后再按战略规划制定和实施的程序步骤去进行；在人事上着重从青年人的教育开始，青年人朝气蓬勃，容易接受新鲜事物，很快就可能成为工作骨干；此外，在宣传教育上还可借助外单位人员来介绍先进经验。

**案例2**

1. "隆中对"将当时天下形势看作一个系统，下辖曹操、孙权、刘表（荆州）、刘璋（益州）和刘备五个子系统，并分析了各子系统的情况和问题，规划出"三国鼎立"的蓝图，所以它符合系统论的思想方法。

2. "隆中对"为刘备制定了一个先求生存、再谋发展的战略决策，包括三个实施步骤：

第一步，跨有荆益，与曹、孙二家形成鼎足之势。

第二步，保其岩阻，西和诸戎，南抚夷越，外结好孙权，内修政理，借以巩固地盘，积蓄力量。

第三步，天下有变，则出动荆益二州的兵马去夺取天下，复兴汉室。

3. "隆中对"制定的战略决策得到了部分的实现。第一步完全实现了，刘备入川建蜀国，与魏、吴抗衡。第二步部分实现，但由于与孙权交恶，关羽战死，荆州沦陷，接着刘备率兵报仇，大败，死于白帝城，这一战略就终止了。第三步完全未实现。

这一战略之所以中断，原因在于关羽未能正确实施联孙抗曹的正确决策，而同时与孙、曹为敌，结果战败而死，荆州失陷，刘备又接着战败而死。这一事例生动地说明战略规划与战略实施之间的关系：正确的规划需要有正确的实施，如果不能正确实施，则无论多么正确的规划也没有用。诸葛亮的"一对足千秋"，竟然未能完全实现，可悲可叹！

## 第七章练习题参考答案要点

**（一）单项选择题**

1. A          2. B

**（二）多项选择题**

1. A B C D          2. A B D E

**（三）判断分析题**

1. 错误

在直线–参谋制的组织结构中，作为管理者的助手的参谋机构无权指挥其下级管理者，以保证管理者的统一指挥。

2. 错误

在设计职务时，只应因事设职而不能因人设职。因事设职是按照业务活动的实际需要。而因人设职则是根据现有人员的需要，有人就得有职，易导致机构臃肿、人浮于事。

**（四）简答题**

1. 按第七章"重点难点解析"中第三个问题的要点来回答。

2. 按第七章"重点难点解析"中第十四个问题的有关要点来回答。

（五）论述题

1. 按第七章"重点难点解析"中第二个问题的有关要点来回答。

2. 按第七章"重点难点解析"中第十二个问题的要点来回答。

（六）案例分析题

**案例 1**

1. 唐文在 1983 年按现实情况绘出的组织图反映了公司创立初期没有正式的组织结构的特点：老板根据经营业务发展需要招聘一些人员充当他的助手，分管一定的业务，他们都直接听命于老板，相互是各不相干的；老板的妻子儿女（哪怕年幼不管事）都身居高位，既突出家族式企业特点，又表明老板的独断专行。

这个组织形式的优点是老板指挥统一，沟通简化，能迅速适应环境和员工能力的变化，灵活机动地采取对应措施。

缺点是老板的管理幅度大，且高度集权，难免顾此失彼，出现失误；业务人员相互间的沟通协调差，一切都通过老板来拍板；老板家属身居高位，又不管事，必然招致员工不满。

2. 唐文在 1985 年设计的组织图基本上是按直线-参谋制形式绘制的，反映了他继任总经理后企图建立正式组织结构的愿望。

该组织图的优点是：①将各个业务人员按业务性质适当分类归组，建立机构，缩小了总经理的管理幅度，有利于他有更多精力抓大事；②业务人员适当归组后，利于他们相互间的沟通协作；③家族成员调离高位，改任顾问，利于平息员工的怨言。

缺点是公司规模不大，却设四个管理层次（从销售情报部来看），似乎多了些。如将商店管理处长改为销售情报部副经理，由他直接管理各商店，则可减少一个层次。

3. 唐文要改革组织结构，可能遇到的问题有：①家族成员可能不愿离开高位去充当顾问；②原来的业务人员都是听命于老板的，相互间的地位是平等的，现要分设部、处，部领导处，则谁当部经理，谁任处长，必然会引起矛盾；③调某些高级职员去当顾问，也可能遇到障碍。

唐文的改革应当有步骤地去实施：①首先要说服家族成员，让他们支持改革；②先不急于宣布新设计的组织图，而是向业务人员宣传改革的必要性，并动员他们提出改革方案，然后在综合各建议方案的基础上设计出组织图（此图可能较他个人设计的图更好）；③有计划地实施新的组织图。唐文打算用一年时间完成改革，这一设想是正确的。

**案例 2**

1. 从员工的答案看，这家公司在组织结构上还存在下列问题：①作业人员很难从管理人员处接收到明确的工作任务和工作所需的信息，这很可能是管理人员的失职，也可能是管理人员自身也未获得明确的任务和工作信息（这就是管理部门之间的信息沟通问题）；②有些规章制度不够合理，需要修改；③有些管理人员权责不对等，责大权小；④管理人员相互间的信息沟通不畅；⑤计划工作有缺陷，综合平衡不够。

人事部主任应当将这些问题如实反映，并提出改进建议。厂长的解释是不准确的。

2. 有了组织图，并不能保证有良好的组织结构。这是因为：①组织图只反映组织结构中的一部分内容而非全部；②就组织图所反映的那部分内容来说，不能保证都是科学合理的；③就组织图未能反映的那部分内容来说，组织图更加无法保证都是科学合理的。即以本案例而言，员工们所反映的权责问题、信息沟通问题、规章制度问题等，都不是组织图反映的内容，所以不能责怪组织图。

3. 应当由厂长牵头，组织专职工作组，进一步调查研究组织结构中的问题，然后有针对性地采取措施加以解决。在此之前，可以责成相关部门针对废品率高、设备停工率高、旷工率高等问题采取一些紧急措施，制止问题继续发展下去。

## 第八章练习题参考答案要点

**（一）单项选择题**

1. A          2. B

**（二）多项选择题**

1. A B C D          2. A B C D E

**（三）判断分析题**

1. 正确

我国对员工的考评包括德、能、勤、绩四方面，其中重点内容是绩，即工作成绩和贡献。

2. 错误

我国现阶段的分配原则是"以按劳分配为主体、多种分配方式并存"。因此，按劳分配就不是唯一的分配原则了。

**（四）简答题**

1. 按第八章"重点难点解析"中第四个问题的要点来回答。

2. 按第八章"重点难点解析"中第十二个问题的有关要点来回答。

（五）论述题

1. 按第八章"重点难点解析"中第五个问题的要点来回答。

2. 按第八章"重点难点解析"中第六个问题的要点来回答。

（六）案例分析题

**案例 1**

1. 王森既有晋升机会，又具备晋升的条件，理应得到晋升。现在因所在单位工作确实需要，又不可能晋升。我认为应当做王森的思想工作，并在职位和报酬上给予一定的补偿，使他能安心地继续在原岗位工作。张平作为他的顶头上司，如不做王森的思想工作，又不设法给予一定补偿，那工作方法就太简单了，难以赢得下属的心。

2. 假如我是王森，我将向张平作一申诉，并等待下次机会。假如等待时间过长，则考虑"跳槽"。

**案例 2**

1. 这家公司（至少是何谊原所在的事业部）有忽视人员培养的倾向。作为经理助理，就只当作参谋人员使用，竟被完全排除在事业部经营之外，这是不对的。使用人和培养人是不能截然分开的，使用中就有培养。

2. 选拔何谊不一定是个错误。问题在于当何谊在新职位上遇到困难时，缺乏对他的指导和帮助，何谊本人也缺少领导方法和领导艺术，更未能虚心向他人求教，所以很快就下台了。用人有一条原则：既要信任放手，又要指导帮助。这对于刚提拔的干部来说尤为重要。其实，何谊遇到的几个困难并不是非常严重的，只要领导人适时点拨一下，或者何谊自己虚心求教，问题即可解决。所以我认为，何谊之下台，领导方面有责任，何谊本人也有责任。

## 第九章练习题参考答案要点

（一）单项选择题

1. C        2. A

（二）多项选择题

1. A B C D E        2. A B C

（三）判断分析题

1. 错误

在研究领导者群体素质时提到的领导班子结构，是指班子成员在各种素质方面的组合情况。

2. 错误

"三结合"的领导方法是指为了解决生产技术（管理）难题，而将领导干部、技术（管理）人员和工人代表组成工作小组，联合攻关。

（四）简答题

1. 按第九章"重点难点解析"中第一个问题的有关部分要点来回答。

2. 按第九章"重点难点解析"中第九个问题的有关部分要点来回答。

（五）论述题

1. 按第九章"重点难点解析"中第四个问题的要点来回答。

2. 按第九章"重点难点解析"中第十一个问题的有关部分要点来回答。

（六）案例分析题

**案例1**

1. 总经理的人性假设显然是"X理论"，因而采用专制独裁的方式来领导，要求实行严格的监督控制。胡蓉的发言是基于"Y理论"的人性假设，因而建议采用民主的领导方式，以发掘职工的潜力。

2. 作为公司顾问，我将提出类似于胡蓉的建议，发动群众大兴调查研究之风，查找近期公司绩效下降的主要原因，然后责成有关部门迅速采取措施，解决存在的问题。

**案例2**

1. 张雯的动机是好的，但她确实把激励理论简单化了，在运用理论时没有从实际出发。工厂的员工各自的情况不同，从事的工作不同，因而有着不同的需要。例如有的对职务提升、受人尊重最感兴趣，有的则对涨工资最感兴趣。就本案例而言，服装设计师属于脑力劳动者和工程技术人员，其工作本具有挑战性，所以要求他们经常开会，评议优劣，对他们而言实在是浪费时间。至于裁剪工、缝纫工等则属于体力劳动者，技术水平有高有低。他们中有的重视受人尊重，有的却更重视工资奖金，现在单纯从尊重需要考虑，肯定会招致重视工资奖金的那部分工人的不满。看来，激励计划应针对不同员工采用不同的激励方式，而且手续要简化，会议评议等不宜过多。

2. 就目前情况看，停止执行张雯的计划可能是必然的，但最好能有新的计划去代替它。所以张雯应当尽快征求各方意见，拟订出新计划，然后宣布停止执行原计划。

## 第十章练习题参考答案要点

（一）单项选择题

1. C        2. B

（二）多项选择题

1. C D        2. A C E

（三）判断分析题

1. 错误

管理的控制职能是根据组织的目标、计划制定控制标准，然后衡量计划实际执行情况，发现与标准之间的偏差，查明原因采取措施，纠正偏差，以保证预定目标、计划的实现，必要时也可以修订预定的目标、计划。

2. 错误

采用行政手段的直接控制并不比采用非行政手段的间接控制更加可靠和有效。

（四）简答题

1. 内部控制即自我控制、自定标准、自行控制。外部控制即他控，如下级受上级控制，被领导者受领导者控制。

2. 按第十章"重点难点解析"中第七个问题的要点来回答。

（五）论述题

1. 按第十章"重点难点解析"中第三个问题的要点来回答。

2. 按第十章"重点难点解析"中第四个问题的要点来回答。

（六）案例分析题

案例1

1. 电力建设公司目前的预算控制系统存在以下问题：

（1）项目经理编制预算时只是参考过去类似工程项目的实际费用支出，再找出理由简单予以放大，这是一种不从实际出发的错误做法，其结果往往使新编预算被远远高估。

（2）项目经理将新编预算报请公司的支出控制委员会审核，但该委员会的成员却对预算无兴趣（或者还不熟悉），自然难尽审核之责，审核环节形同虚设。

（3）预算的实施必须加强跟踪控制，发现问题及时纠正。但目前公司预算的执行似乎无人负责监控，以至施工团队可以自行调整其工效、延长完工期限，而无人察觉。结果是大大高估的预算是实现了，公司却蒙受巨大的损失。

2. 我的建议将针对上述三个问题提出：

（1）要求项目经理改革其预算编制方法，从实际出发，编制出切实有效的预算。

（2）重组支出控制委员会，延聘公司内外对工程项目和费用预算都比较熟悉的人员参加，切实履行审核预算之责。

（3）指定项目经理和财务部门对预算的执行实施跟踪控制，及时发现问题，采取措施纠正，以保证预算的实施，必要时也可以调整预算。

案例 2

1. 两年的实践说明该公司的计算机化会计系统未能达到预期的效果。这不能作为计算机化系统不如手工作业系统的证据，而是在计算机化系统的设计上出了问题：①可能公司与销售服务中心尚未联网，各中心仍然在用手工作业，甚至因换用新手，其工作效率反而比从前下降；②设计的业务信息过多过繁，以致管理者要查找自己所需的信息太费时间，反而不如从前的会计报表；③该系统的工作人员还不熟练，以至用人过多。

2. 现在最好的办法是：①修改原来的系统设计，按经理信息系统和决策支持系统的要求，为各层次的管理者提供他们最需要的信息，有些不太重要的信息就删减掉；②公司与销售服务中心联网，快速传输信息；③大力加强培训，精简数据处理中心和会计部门的人员。

## 第十一章练习题参考答案要点

**（一）单项选择题**

1. C          2. B

**（二）多项选择题**

1. A B C D          2. A B C D E

**（三）判断分析题**

1. 错误

一般理解的"和稀泥"是指无原则的调和。我们需要的灵活性是同原则性相结合的，是在不离原则的前提下采取求同存异、妥协让步等方式化解矛盾冲突。

2. 错误

非正式沟通的特点是沟通速度快，消失也快，信息扭曲失真严重。

**（四）简答题**

1. 一切工作都由人来进行，工作上的矛盾往往表现为人与人之间的矛盾，协调好人际关系有助于解决工作矛盾，所以说协调的实质是人际关系的协调。

2. 在决策过程中，人们发表多种不同的甚至针锋相对的意见，议论纷纷，争论不止，这便是建设性的矛盾和冲突。如果两个单位之间因些许小事而闹不团结，甚至吵架斗殴，那便是破坏性的矛盾和冲突。

**（五）论述题**

1. 按第十一章"重点难点解析"中第二个问题的要点来回答。

2. 按第十一章"重点难点解析"中第十个问题的要点来回答。

（六）案例分析题

**案例 1**

1. 这次协调会是组织内部的协调，有工作协调和人际关系协调，主要是水平协调（厂级领导之间），也有垂直协调（主管生产的副厂长与机械加工车间主任之间），既可看作组织间的协调（不同职位的人代表着不同的部门），又可看作个人间的协调，难以严格区分。

2. 这次会议揭露出的矛盾可看作角色冲突。会议的参加者各有不同职位，代表着不同部门，工作内容和目标任务都不同。在问题面前，每个部门都想维护本部门的利益，减轻本部门的责任，这就必然产生角色冲突。这种矛盾和冲突带有普遍性，在许多组织中都会遇到。

3. 作为厂长，如果只召开会议听取汇报，那就很难判断是非，做出决策。他必须深入生产第一线，直接听取基层领导和工人群众的意见，掌握第一手资料，发现主要矛盾所在，再回到会议上，他就心中有数了，也才能辨明是非，找到解决问题的办法。

**案例 2**

1. 乔依斯刚从大学毕业，对公司状况并不了解。为了分析公司的信息沟通问题，他有必要放下架子，深入各连锁店，同经理和店员们谈心，收集他们对公司总裁和副总裁等人的意见，然后分析归纳，才能发现问题所在。

从本案例提供的信息看，总裁是一位精明能干的老板，颇为自信，因此，很可能有很大的架子，盛气凌人，别人感到难以接近，也难以向他说心里话。尽管他每周下商店走访，但接触店员不普遍，人们肯定对其敬而远之。每两周召开一次经理会，参加者看起来全神贯注，实际却并非如此，他们在会议上也很难畅所欲言。这样必然导致信息沟通不畅，许多店员和一些经理不了解公司的使命和目标，公司政策未得到严格执行，店员们缺乏对公司的忠诚。

2. 作为乔依斯，应当在调研的基础上针对发现的问题，提出改善信息沟通的建议。这些建议可能包括：①坚持互相尊重、平等合作的协调工作的原则，希望总裁、副总裁等都能放下架子，同经理、店员们谈心；而且接触面尽可能广泛些，特别要去接触对公司或自己有意见的那些人。②开会时要鼓励大家畅所欲言，大胆发表意见，特别是不同的意见，如有问题不理解，一定要在会上弄清楚。③建立多样化的沟通渠道和沟通网络，做到上情下达，下情上达，各类信息都能畅行无阻，对合理化建议给予特殊奖励。

# 第十二章练习题参考答案要点

## (一) 单项选择题

1. D          2. B

## (二) 多项选择题

1. A C D E          2. C D E

## (三) 判断分析题

1. 错误

创新具有高风险性与高效益性,二者呈正相关关系。

2. 错误

作为创新要素的信息资源来自组织的外部和内部,所以不应只重视外部信息。

## (四) 简答题

1. 按第十二章"重点难点解析"中第一个问题的相关要点来回答。

2. 按第十二章"重点难点解析"中第二个问题的相关要点来回答。

## (五) 论述题

1. 随着科技的进步和经济、社会的发展,人们面临的外部环境快速变化,国内外市场的竞争日益激烈,不创新则组织将很难生存和发展,因此,人们越来越强调创新的重要性。

对于是否将创新看成管理的一项职能,可以各抒己见。

2. 按第十二章"重点难点解析"中第五个问题的要点来回答。

## (六) 案例分析题

### 案例 1

1. 创新者需具备的优秀品质有:①树雄心,立壮志,勇于开拓进取,敢于走前人没有走过的路;②意志坚强,百折不挠,虽经受多次的失败挫折而不气馁,继续拼搏,直至成功;③艰苦奋斗,有条件要上,没有条件则因陋就简、创造条件也要上。

2. 组织应当从人力、物力、财力上支持创新者,在时间和工作安排上给创新者以灵活性;当创新遭受失败和挫折时热情鼓励创新者,并帮助他总结经验教训,继续奋斗;当创新取得成功时则根据其价值大小给创新者以应得的奖励。

### 案例 2

1. 厂长所说"创新也是为了提高效益",这话完全正确,我们不能"为创新而创新"。这一观点可引申到技术与经济的关系,一切技术进步都是为了提

162

高经济效益和经济发展水平，不能有"单纯技术观点"，反对"技术与经济两张皮"。这一观点也可推广应用于非企业组织（如学校、医院、政府机关等），在这些组织中同样要鼓励创新，而创新也是为了提高这些组织的社会效益（更好地培养人才、治病扶伤、为人民服务等）。

2. 从会议上各部门负责人都愿在降低产品成本方面努力这一点来看，可以预料，在下次会议上，他们定能提出一些降低成本的方案或成果。我认为，只要成本能降到 40 元以下，就可以做出大批量生产的决策。在大批量生产后可获得规模经济效益，还可继续寻找降低成本的途径，产品成本将进一步下降。

3. 回答此问题要应用盈亏平衡分析中的边际贡献（产品单价与单位变动成本的差额）原理，边际贡献用于抵偿固定成本，剩余部分即为利润。在特殊情况下（例如已有的订货已能利用生产能力的相当大部分时），接受新订货的定价可以低于其总成本，只要高于其变动成本（有边际贡献）就行，这叫作"特殊定价法"。这是因为当时固定成本已由原有订货分担，新订货的边际贡献都可用于增加利润。

## 结束语练习题参考答案要点

（一）论述题

1. 参考"结束语""重点难点解析"中第一个问题的要点来回答。

2. 参考"结束语""重点难点解析"中第六个问题的要点发表自己的意见。

（二）案例分析题

**案例 1**

1. 对于"人才将变为竞争的焦点"这一说法，发表自己的看法。

2. 对于管理科学化，可联系管理既是科学又是艺术来理解，发表自己的看法。

**案例 2**

1. 对此问题，可各抒己见，自行分析。

2. 传统产业的企业同高新科技企业毕竟有所不同，特别是劳动密集型企业，科技含量和员工素质都要低些。因此，如想运用这里所说的原则，一定要结合具体情况权变处理，切忌照搬照抄。

# 综合练习题参考答案要点

## 综合练习题一参考答案要点

### 一、单项选择题

1. A    2. A    3. C    4. A    5. B    6. A

7. C    8. B    9. C    10. C    11. A    12. D

13. B    14. C    15. C    16. C    17. C    18. B

19. C    20. D

### 二、多项选择题

1. A C D    2. A B C D    3. A B D

4. A B C D E    5. A B C    6. A C D E

7. A B E    8. B C E    9. A B C

10. A B E

### 三、判断分析题

1. 错误

任何原则都不能作绝对化理解，对统一指挥原则也是如此。在矩阵制组织形式中各职能部门的人员接受双重领导，只要协调得当，也不会出现管理混乱的现象。

2. 错误

控制的力度要适当，并非力度越大越好。力度过大，反而会引起负面效应。

3. 错误

领导者对其下属的影响力，既来自其领导地位和权力，又来自其人格魅力和领导艺术。并不是权力越大，影响力就越大。

4. 错误

按照马斯洛的需要层次理论，每一个层次的需要都能激发动机，引发相应的行为。

5. 正确

在分权或授权后，领导者仍应对其下属的工作成绩承担领导责任。

## 四、简答题

1. 这种看法不正确。无论环境变化多么快，企业仍然需要通过调查研究、预测和制订计划来指导企业的业务活动，否则就将陷入盲目行动的危险。当然，要加强对计划执行情况的控制，发现环境变化，立即采取应变措施。

2. 按第十一章"重点难点解析"中第四个问题的要点来回答。

## 五、论述题

1. 按第二章"重点难点解析"中第五个问题的要点来回答。

2. 按第七章"重点难点解析"中第七个问题有关部分的要点来回答。

## 六、案例分析题

1. 菲利浦·莫里斯公司的总体战略是多元化战略，而且是复合（跨部门、跨行业）多元化战略。其经营单位中，香烟生产销售商仍保持原有竞争战略（既低成本又差别化）；米勒啤酒商则大力强化新产品开发和市场营销，奉行差别化、集中化的竞争战略；软饮料商也是奉行差别化竞争战略。这里举出的职能性战略仅有产品战略和市场营销战略。

2. 这家公司之所以奉行多元化战略，主要是因为从 20 世纪 50 年代起，烟草行业就面临巨大的威胁：刊登广告受限制，经常受到人们的控诉和法院的判罚。为了生存，公司必须跨行业经营而不能死守着单一的烟草业。应当说，这是正确的战略决策。

3. 实行多元化战略，产品品种和销售市场急剧扩大，甚至跨部门行业经营，这就对管理提出了很高的要求。如管理跟不上，就会带来极大的风险，管理混乱，效益下降，甚至使企业破产。我国企业在这方面的教训已不少。

## 综合练习题二参考答案要点

### 一、单项选择题

| 1. C | 2. D | 3. C | 4. B | 5. D | 6. A |
|------|------|------|------|------|------|
| 7. A | 8. D | 9. C | 10. C | 11. D | 12. A |
| 13. B | 14. D | 15. B | 16. D | 17. B | 18. B |
| 19. C | 20. D | | | | |

### 二、多项选择题

| 1. A B D E | 2. A B C D | 3. A C D E |
|------------|------------|------------|
| 4. A B C | 5. A B D E | 6. A B C E |
| 7. A B C E | 8. A B C E | 9. A B C D |
| 10. C D E | | |

### 三、判断分析题

1. 错误

劳动分工固然能提高工作效率，但绝非分工越细效率越高。

2. 错误

人们要获得满意的决策，必须采用科学的决策程序和方法，占有丰富、翔实的信息资料，倾听各种不同的意见，所以并非"完全取决于决策者的主观判断"，也就不是"走一步，看一步，摸着石头过河"了。

3. 正确

工作业绩的提高，有许多主客观因素影响，对下属的激励仅是其中一项。所以不能说做好了激励工作，就一定会显著提高业绩。

4. 正确

对非正式组织的正确态度只能是适当引导，使其目标同正式组织的目标一致。

5. 错误

管理幅度一定，则企业规模越大，其管理层次应越多；若企业规模一定，则管理幅度越小，其管理层次应越多。

### 四、简答题

1. 按第七章"重点难点解析"中第七个问题有关部分的要点来回答。

2. 当今世界，工商企业的诚信经营颇有问题，经常听到一些违法乱纪的丑闻，有些企业因此而倒闭，但已给不少公众带来损失。因此，强调企业的社会责任和伦理道德具有重大的现实意义。

### 五、论述题

1. 按第五章"重点难点解析"中第十个问题有关部分的要点来回答。

2. 按第九章"重点难点解析"中第十个问题有关部分的要点来回答。

### 六、案例分析题

1. 盖茨先生在其沟通主管人的协助下，确实想了许多办法，花费了大量的时间、精力和费用，应当说公司的信息沟通状况肯定有所改善。但盖茨仍然感到失望，那恐怕是他的"小公司"精神在作祟，也就是说，他未能成功地在公司恢复"小公司"精神。

我认为，"小公司"精神确实很宝贵，但当公司规模变大之后再要保持或恢复它，则可能有点不切实际。规模不等的公司对信息沟通的具体要求应当有些差别。以大公司来说，每位员工都能及时获得其工作所必需的信息，在一定范围内的员工能互通信息，交流思想感情，那就算不错了。

2. 我认为该公司真正的沟通问题可能是公司文化的渗透和落实。盖茨先生应当塑造出公司文化，通过多种渠道，使之渗透到每一位员工心中，形成共同的理念、思维方式和行为准则，对员工的忠诚度肯定会提高，人际关系也易于协调，沟通渠道也就通畅了。

# 参考书目

1. 徐国华，张德，赵平. 管理学［M］. 北京：清华大学出版社，1998.

2. 汪克夷. 管理学［M］. 大连：大连理工大学出版社，1998.

3. H 孔茨，C 奥唐奈. 管理学［M］. 中国人民大学外国工业管理教研室，译. 贵阳：贵州人民出版社，1982.

4. R L 达夫特. 管理学［M］.［译者不详］. 5 版. 北京：机械工业出版社，2003.

5. S P 罗宾斯，D A 德森佐. 管理学原理［M］. 毛蕴诗，译. 大连：东北财经大学出版社，2005.

6. F W 泰罗. 科学管理原理［M］. 胡隆昶，等，译. 北京：中国社会科学出版社，1984.

7. H 法约尔. 工业管理与一般管理［M］. 周安华，等，译. 北京：中国社会科学出版社，1982.

8. D A 雷恩. 管理思想的演变［M］. 孙耀君，等，译. 北京：中国社会科学出版社，1986.

9. H A 西蒙. 管理决策新科学［M］. 李柱流，等，译. 北京：中国社会科学出版社，1982.

10. W G 大内. Z 理论［M］. 孙耀君，等，译. 北京：中国社会科学出版社，1984.

11. T J 彼得斯，R H 小沃特曼. 成功之路［M］. 余凯成，等，译. 北京：中国对外翻译出版公司，1985.

12. A 托夫勒. 第三次浪潮［M］. 朱志火，潘琪，译. 北京：生活·读书·新知三联书店，1983.

13. C M 萨维奇. 第五代管理［M］. 谢强华，等，译. 珠海：珠海出版社，1998.

14. P 圣吉. 第五项修炼［M］. 郭进隆，译. 上海：上海三联书店，1998.

15. 胡海波，等. 中国管理学原理［M］. 北京：经济管理出版社，2013.

16. 王圆圆. 近代以来中国管理学发展史［M］. 北京：清华大学出版社，2014.